AF411158

MAURICE MONTIGNY

EN VOYAGEANT

AVEC

Mme DE SÉVIGNÉ

PARIS
LIBRAIRIE ANCIENNE HONORÉ CHAMPION
ÉDOUARD CHAMPION
5, QUAI MALAQUAIS, VIe
1920

MAURICE MONTIGNY

EN VOYAGEANT

AVEC

Mme de Sévigné

PARIS

—

Honoré CHAMPION, Éditeur

5, QUAI MALAQUAIS, 5

A

Monsieur André HALLAYS

qui m'a appris à flâner
et à glaner

———————

I

Un départ pour la Campagne
au temps de Louis XIV

———

Coup d'œil sur le Paris d'alors,
sur Dampierre et Nogent-le-Rotrou

———

I

Un départ pour la Campagne
au temps de Louis XIV

Coup d'œil sur le Paris d'alors,
sur Dampierre et Nogent-le-Rotrou.

Suivant l'opinion de Sainte-Beuve, « Madame
de Sévigné, comme La Fontaine, comme Montaigne, est un de ces sujets qui sont perpétuellement
à l'ordre du jour en France ». On peut donc,
même après les travaux pour ainsi dire définitifs
de Monmerqué, de Walckenaer et d'autres admirateurs, essayer de glaner encore quelques gerbes
légères dans ce champ inépuisable. On le peut
dans la correspondance elle-même, si variée et
pourtant si incomplète. n'en déplaise à Châteaubriand, censeur sévère pour les éditeurs de Madame de Sévigné ; et on le peut aussi, par voie de

supposition et de reconstitution, pour toute la période qui précède le départ de Madame de Grignan, en suppléant aux lacunes des premiers volumes, uniquement composés, on le sait, de lettres à Bussy, à Pomponne et à Coulanges. Une centaine de lettres à peine, pour une période de vingt-quatre années de 1647 à 1671, c'est vraiment insuffisant, alors que tant d'événements ont dû tenter la verve de l'aimable marquise.

Nous allons la prendre comme compagne de voyage, reconstituer avec elle ses itinéraires, quand elle se rendait aux Rochers; et, en flânant à la manière de M. André Hallays, essayer de connaître ou de compléter ses impressions.

Tentative inutile, périlleuse ?

Inutile peut-être et pourtant si attrayante; périlleuse, assurément, quand on s'attaque à la grâce même ; aventure à tenter cependant en comptant sur la force attractive de son nom et de ses écrits.

. Le lundi matin, 18 mai 1671, en partant, elle écrit à Madame de Grignan : « Enfin ma fille, me voilà prête à monter dans ma calèche; voilà qui est fait, je vous dis adieu. Je m'en vais donc en Bretagne. »

Avant cette date, Madame de Sévigné est allée fréquemment aux Rochers, et les lettres antérieures n'en parlent pas (sauf une allusion dans une lettre à Bussy, au moment de la naissance de Charles de Sévigné). Dès le printemps de 1645, elle s'y installe avec son mari ; elle y passe plusieurs mois. Son fils y naît en 1647. Elle y revient souvent dans la suite avec le « bien bon », son oncle de Coulanges, pour surveiller ses intérêts et mener en Bretagne une vie moins dispendieuse. Ainsi les Rochers ont déjà tenu une grande place dans sa vie. On trouvera, il est vrai, dans les lettres à Madame de Grignan, de nombreux retours vers le passé, des allusions directes à de menus incidents chers au cœur des deux femmes ; on aimerait cependant à suivre de plus près, dans la période antérieure à 1671, toutes les nuances de sa pensée et de ses préoccupations.

Il faut y renoncer avec quelque chagrin, et s'étonner de la légèreté de ces impertinents, qui reprochent à Madame de Sévigné son exubérance épistolaire, ou déplorer la mauvaise humeur de

Châteaubriand qui formule contre les éditeurs le grief d'avoir peut-être imprimé trop de lettres de celle-ci.

Puisqu'à défaut d'indications précises sur ses premiers voyages, nous sommes réduits aux hypothèses, imaginons ce que pouvait être un départ pour la campagne dans le Paris de la première moitié du 17e siècle. C'est dans le quartier du Marais que Madame de Sévigné a eu constamment sa résidence parisienne. Elle est née place Royale ; par l'acte de baptême de sa fille on apprend qu'elle habitait alors rue des Lions-Saint-Paul ; au moment du mariage de Mme de Grignan, elle demeure rue Saint-Avoye ; on la trouve encore, avant l'installation à Carnavalet, rue de Thorigny et rue Saint-Anastase. Elle est restée toute sa vie attachée à son vieux quartier, tandis que d'autres, suivant la mode, comme ses amies Mmes de Lafayette et de Lavardin, émigraient vers le faubourg.

Le carrosse du marquis et de la marquise de Sévigné s'engage dans les rues qui avoisinent la place Royale et gagne une des routes sortant de la capitale. Les grandes voies d'accès ou de sortie sont nettement orientées vers les points cardinaux ; au Nord on quitte Paris par la porte Poissonnière (ainsi appelée parce que la marée entre à Paris de ce côté). Au Sud, dans le prolongement, on se dirige vers la porte Saint-Jacques et Bourg-la-Reine, après avoir traversé tout le quartier des couvents, Capucins, Val-de-Grâce, Feuillantines, Visitandines, Port-Royal, Carmélites. Une autre transversale, d'Est en Ouest, coupe la ville perpendiculairement ; elle pénètre par le faubourg Saint-Antoine et sort par le faubourg Saint-Honoré. C'est par elle que les souverains et les ambassadeurs font leur entrée ; c'est de ce côté que Marie-Thérèse arrivera en 1680, et c'est sur la place, depuis dénommée du Trône, que le Roi et la Reine feront un arrêt solennel pour recevoir les hommages de la ville. En sortant de Paris par l'Ouest on passe sous la porte de la Conférence. « Lorsqu'on entre dans Paris de ce côté, dit Victor Cousin, dans la Société française au 17e siècle, on a un coup d'œil admirable ; à gauche les Tuileries et leur magnifique jardin ; à droite, le cours de la Seine bordée de belles maisons ;

devant soi, le Pont-Royal (1) et le Pont-Neuf, et dans le fond en perspective, l'étincelant clocher de la Sainte Chapelle, la masse imposante des tours de Notre-Dame et, plus tard, l'élégant et noble dôme du Val-de-Grâce ».

En s'éloignant de la place Royale, on salue au passage les hôtels et les palais familiers. Voici, au détour d'une rue, la résidence de M. d'Angoulême. Singulier personnage que ce bâtard royal ! Fils de Charles IX et de Marie Touchet « c'eust été, dit Tallement des Reaux, un des plus grands hommes de son siècle, s'il eust pu se défaire de l'humeur d'escroc que Dieu lui avait donnée ».

Faux monnayeur et mauvais payeur avec cynisme, Tallement rapporte sur lui ces deux traits. « Combien donnez-vous à vos secrétaires, demandait-il à M. de Chevreuse. — Cent escus. — Ce n'est guère, je donne deux cents escus aux miens. Il est vrai que je ne les paie pas ».

Quand ses gens réclamaient leurs gages, il leur

---

(1) Le pont Royal n'a été construit que dans la seconde moitié du xviie siècle.

disait : « C'est à vous de vous pourvoir ; quatre rues aboutissent à l'hôtel d'Angoulême, vous êtes en beau lieu, profitez-en si voulez ». Leur suggérant ainsi de se payer comme des malfaiteurs sur les passants.

L'hôtel d'Angoulême est devenu. dans la suite. la résidence du Président Lamoignon, qui l'a achevé en 1718; on le voit encore au coin de la rue Pavée et de la rue des Francs-Bourgeois. Une note mélancolique de Monmerqué et Paulin Paris. dans l'édition des Historiettes, constate qu'en 1854 l'hôtel Lamoignon appartenait à un marchand de toiles nommé L. Pruneau, et que plus de vingt locataires s'en partageaient alors la jouissance à des prix fort modiques. Fâcheuse déchéance. hélas fréquente dans ce quartier : avoir été l'hôtel d'Angoulême et devenir l'immeuble Pruneau ! A quelques pas de là, l'hôtel de Guise. sur l'emplacement actuel de l'hôtel de Soubise les Archives nationales). Çà et là dans un Paris vu à vol d'oiseau. le Palais-Royal. résidence d'Anne d'Autriche et du jeune Roi ; les Tuileries, où loge alors Mlle de Montpensier ; sur les quais. l'hôtel de Nevers. plus tard l'hôtel de Conti, près de l'ancienne tours de Nesle; à côté du Luxembourg, demeure de Gaston d'Orléans, le Palais de Condé, construit par un Gondi, oncle du cardinal de Retz, et démoli à la fin du XVIIIᵉ siècle pour céder la place au nouveau théâtre français (aujourd'hui l'Odéon). En longeant la Seine, les voyageurs ont pu saluer au passage quelques belles demeures particulières, notamment celle de Le Ragois de Bretonvilliers, à la pointe de l'île Notre-Dame, qui, selon Tallement, est, après le sérail, le bâtiment du monde le mieux situé.

Le fleuve développe alors une vie intense; c'est par lui que la population est en grande partie ravitaillée. En amont et en aval, c'est un mouvement incessant de bateaux apportant aux ports de Grève ou de Saint-Paul le blé, le bois, le charbon, le vin. Pour donner à sa maison, des assises solides, Le Ragois a dû dépenser huit cent mille francs, à la construction d'un quai de pierres de tailles sur pilotis. L'hôtel était, aux yeux des contemporains, un des plus somptueux de la ville.

Les voyageurs jettent un coup d'œil, en passant, sur quelques-unes de ces demeures célèbres et évoquent, en s'éloignant, toutes les intrigues auxquelles ces divers personnages sont mêlés, en ces temps troublés de la Fronde.

Les voici hors de Paris. Avant Chartres, ils traversent Bonnelles, non loin de Dampierre, où se cache un autre original, le duc de Chevreuse, mari de la fameuse duchesse de Chevreuse. De la maison de Lorraine, il a d'abord porté le titre de prince de Joinville. C'est un homme de belle prestance : on pourrait citer sur lui de nombreuses anecdotes, mais la bienséance en rend le récit difficile; notons simplement celle-ci. Il avait à Dampierre un petit sérail. A Pâques, quand il fallait se confesser, le même carrosse emmenait pour quelques heures à la ville voisine les mignonnes et les reprenait en ramenant le confesseur.

*
* *

Le trajet de Paris à Vitré exigeait sept à huit jours. A l'arrivée, le jeune couple devait être reçu avec de grandes démonstrations de joie, dont une lettre postérieure peut approximativement donner l'idée : « Ils avaient fait ici une manière d'entrée à mon fils. Vaillant avait mis plus de quinze cents

hommes sous les armes, tous fort bien habillés,
un ruban neuf à la cravate ; ils vont en très bon
ordre nous attendre à une lieue des Rochers. Voici
un bel incident : M. l'abbé avait mandé que nous
arriverions le mardi, et puis tout d'un coup il
l'oublie ; ces pauvres gens attendent le mardi
jusqu'à dix heures du soir, et quand ils sont tous
rentrés chez eux, bien tristes, et bien confus, nous
arrivons paisiblement le mercredi, sans songer
qu'on eût mis une armée en campagne pour nous
recevoir ; ce contretemps nous a fâchés, mais quel
remède ? Voilà par où nous avons débuté ».

Espérons que la première arrivée de la marquise
dans ses terres aura été plus solennelle et mieux
réglée, et regrettons de n'en pas avoir un récit
alerte, tel que celui qu'on vient de lire.

La lettre du 18 mai 1671 annonçant le départ
est suivie de celle du 23 mai, datée de Malicorne ;
on y lit :

« Nous avons été fort incommodés par la chaleur ; un de mes chevaux demeura dès Palaiseau ;
les autres six ont tenu bon jusqu'ici ; nous partons
dès deux heures du matin pour éviter l'extrême
chaleur ; encore aujourd'hui nous avons prévenu

l'aurore dans ces bois pour voir Sylvie, c'est-à-dire Malicorne, où je me reposerai demain ».

Le patient Walckenaer a reconstitué le voyage dans les termes suivants :

« Son oncle, le bon abbé de Livry, qui, avant de partir, venait de lui faire donation de tout son bien, et son fils qu'elle dérobait à un genre de vie aussi nuisible à sa santé qu'à sa fortune, l'accompagnèrent. Le petit abbé de La Mousse, dont elle ne se séparait pas plus que de Marphise, sa chienne, était aussi du voyage. Ainsi entourée, ayant dans sa poche le portrait de sa fille, et escortée de ses gens, elle alla coucher à Bonnelles, sur la route de Chartres, c'est-à-dire qu'elle ne parcourut ce premier jour que quarante kilomètres, ou dix lieues de poste. Son équipage se composait de sept chevaux. Cinq jours après, le 28 mai, elle arriva à Malicorne, dans le château du marquis de Lavardin, où elle se délassa de ses fatigues et fit bonne chère. La route parcourue depuis Bonnelles, en passant par Le Mans et la Suze, était de 202 kilomètres, ou de 51 lieues de poste. Elle fit encore cette fois dix à onze lieues par jour ».

Dans la lettre des Rochers datée du 7 juin, Mme de Sévigné donne quelques détails complémentaires sur l'accident survenu à Palaiseau :

« Au reste, vous n'avez pas bien vu ; ma calèche n'est pas rompue par les chemins ; mes arcs sont forgés par la propre main de Vulcain ; à moins que de venir de cette fournaise, ils n'auraient pas résisté à un troisième voyage de Bretagne. Ce que vous voulez dire, c'est que l'un de mes chevaux, le plus beau de France, est resté à Nogent et y mourra, selon ce qu'on m'en écrit ».

Nogent était sur le trajet ; les voyageurs y ont sûrement fait étape. Ont-ils visité le beau mausolée élevé à la mémoire de Sully par sa seconde femme, Rachel de Cochefilet ? C'est infiniment probable. L'histoire de ce monument est curieuse, et curieuses sont aussi les réflexions qu'il peut suggérer. Après la mort d'Henri IV, Sully éloigné du pouvoir, vécut à Sully-sur-Loire et à Villebon. C'est dans ce dernier château qu'il mourut en 1641 à l'âge de 82 ans. Sa seconde femme, Rachel de Cochefilet lui survécut jusqu'en 1659. Elle voulut perpétuer le souvenir de son illustre mari dans le pays même où il avait passé ses dernières années, et confia au scuplteur Boudin l'exécution d'une statue en marbre, qu'on voit encore aujourd'hui à l'hôpital de Nogent-le-Rotrou. Le ministre est agenouillé sur un coussin, joignant les mains dans une attitude recueillie; il est revêtu d'un grand manteau de cérémonie, élégamment drapé ; la fraise tuyautée, les plis du vêtement, les ornements sont rendus par l'artiste avec un brio et un fini dignes des grands maîtres; l'expression du visage est empreinte de calme et de dignité. L'œuvre porte la date de 1642. A côté, se dresse, à peu près dans la même attitude, la statue de Rachel de Cochefilet, d'une exécution moins heureuse et due sans doute au ciseau d'un autre sculpteur. Le mausolée est placé dans une petite chapelle qui touche à l'Hôtel-Dieu, le duc et la duchesse de Sully, morts dans la religion réformée n'ayant pu être inhumés à l'église Notre-Dame elle-même. Mais, comme bienfaiteurs de l'hôpital et en exécution d'une fondation de Rachel de Cochefilet, les deux époux ont pu reposer côte à côte dans une annexe voisine, spécialement élevée à leur intention.

Villebon est à peu près à égale distance de Chartres et de Nogent. qu'on désignait alors sous le nom de Nogent-le-Béthune. Le domaine offrait les ressources les plus variées : fermes grasses en pleine Beauce. forêts. étangs, charmilles et allées magnifiques.

Le duc y menait une existence fastueuse. accueillant au voisinage et conservant dans ce milieu le prestige de son grand nom et des services rendus.

Le ménage passe pour avoir été très uni C'est en 1592 qu'avait été célébrée à Nantes l'union de Maximilien de Béthune. duc de Sully, veuf en premières noces d'Anne de Courtenay, avec Rachel de Cochefilet, veuve de Six de Chateaupers. Femme de grand sens et d'énergie. elle seconde intelligemment son mari dans la gestion de ses immenses domaines, à Rosny, à Sully, à Villebon et autres lieux. Elle joue dignement, après la disparition du duc, son rôle de veuve illustre. dans le cadre même et dans le milieu où son époux avait vécu ses dernières années. C'est tout ce que le monument de Nogent-le-Rotrou résume pour le passant.

Voici maintenant l'envers du décor : c'est à cette mauvaise langue de Tallement qu'il faut recourir pour avoir cette note un peu décevante.

« M. de Sully était le plus sale homme du monde en paroles. Un jour, je ne sais plus quel gentilhomme fort bien fait alla dîner avec lui. Mme de Sully, Rachel de Cochefilet, veuve en premières noces de Chateaupers, sa seconde femme, le regardait de tous ses yeux. « Avouez, Madame, lui dit-il, que vous seriez bien attrapée si Monsieur n'avait point de... ». Nous ne pouvons même pas écrire la première lettre du mot cru qui suit... Transposons plutôt la phrase en disant : « Avouez, Madame, que vous seriez bien attrapée si Monsieur était eunuque. Et Tallement d'ajouter : « Il ne se tourmentait pas autrement d'être... (ce que craignait tant Sganarelle) et en donnant de l'argent à sa femme, il disait : « Tant pour cela et tant pour vos f... »

Doit-on conclure de ce qui précède que Rachel de Cochefilet était une femme au tempérament excessif ?... Que Sully était un mari complaisant ?...

Dans l'historiette sur Mme de Liancourt, Tallement raconte encore que Mme de Sully devint
amoureuse de M. de Schomberg, père de Mme de
Liancourt, et que cette amourette dura longtemps.

Un autre auteur de l'époque cite Rachel de
Cochefilet comme la maîtresse de Jouvenel des
Ursins. Ces témoignages, peut-être dictés par la
passion politique ou la malveillance, restent assez
troublants, à cause de leur concordance.

Cependant on ressent un vrai malaise à recueillir dans les Historiettes des traits aussi déplai-
sants. Ceux qui sont rapportés dans le premier
volume sur Henri IV et sur Sully sont particulièrement choquants. L'imagination populaire a
donné à ces deux hommes une physionomie sympathique, conventionnelle peut-être, mais résu-
mant dans l'un toutes les qualités brillantes, spirituelles et primesautières du Gascon; dans l'autre, celles plus sérieuses du grand administrateur.
Aussi est-on désagréablement surpris d'appren-
dre les vilaines particularités que Tallement se
complaît à rapporter. On a dit à sa décharge qu'il
connaissait mal cette période et qu'il avait eu
l'imprudence de recueillir sans contrôle les mau-

vais bruits en circulation. On a dit aussi, et ceci
plus spécialement pour Sully, que comme tous les
grands ministres, il avait été. de son vivant, profondément impopulaire. L'Estoile écrit : « La
disgrâce de cet homme était plainte de peu de
personnes à cause de sa gloire »; dans le sens du
mot latin — *gloriosus* — vaniteux. Richelieu et
Mazarin ont été, dans la suite, aussi peu épargnés
par la malignité publique. Le recul et une certaine
décantation sont, semble-t-il, indispensables pour
dégager la vérité et la justice historiques.

II

Malicorne

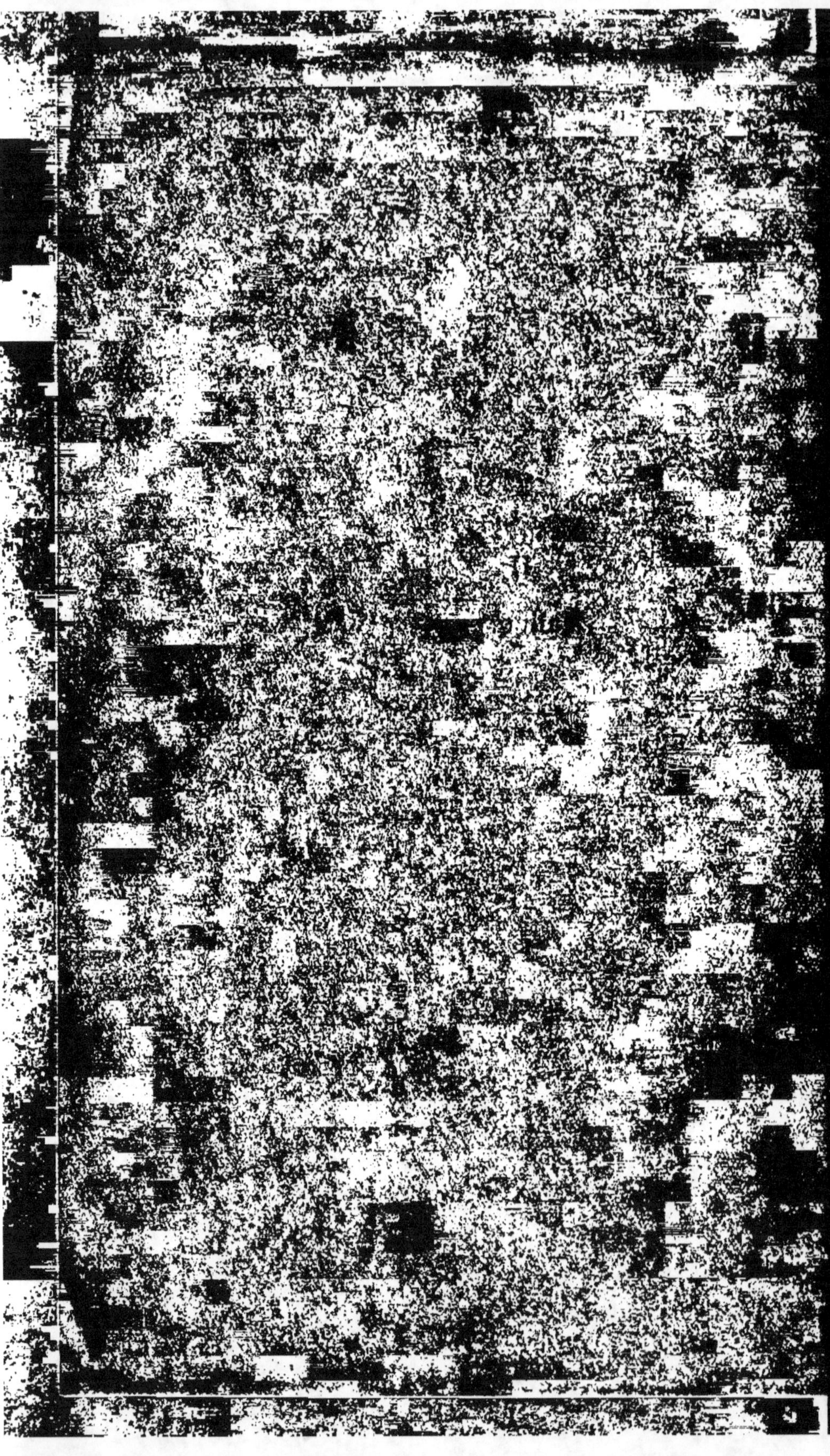

II

Malicorne

———

Malicorne, c'est la maison accueillante où l'on fait étape à l'aller et au retour ; c'est le château des Lavardin, c'est la villégiature où l'on peut, comme au faubourg, aller en « bavardin » et où se trouvent réunis les plaisirs de l'esprit et de la table.

« Jamais je n'ai vu meilleure chère, ni une plus agréable maison ; il me fallait toute l'eau que j'ai trouvée pour me rafraîchir du fond de chaleur que j'ai depuis six jours... Nous avons relu des pièces de Corneille et repassé avec plaisir sur toutes nos vieilles admirations. Nous avons aussi un livre nouveau de Nicole ; c'est de la même étoffe que Pascal et que l'Education d'un Prince ; mais cette étoffe est merveilleuse et l'on ne s'ennuie point ».

C'est également à Malicorne, au retour d'un voyage en Bretagne, le 28 mars 1676, que Mme de

Sévigné entend la lecture de l'oraison funèbre de Turenne par Fléchier.

Les Beaumanoir de Lavardin occupent dans le Maine une situation prépondérante depuis que Charles, né en 1532, envoyé par son tuteur Jean de Villiers en pension au château de Malicorne, y a conquis le cœur de la demoiselle du lieu, Marguerite de Chaources. Le châtelain était alors Jean de Chaources, écuyer de Charles IX ; il s'était retiré, après les premiers troubles provoqués par les querelles religieuses, dans ce domaine, où sa sœur, Marguerite, vivait avec lui.

Or, le dit Charles de Lavardin étant « d'humeur assez gracieuse et aimable, mit son affection à la demoiselle Marguerite, belle et bien composée de corps, mais elle le fut sans comparaison beaucoup plus d'esprit, ayant vécu en telle estime qu'elle avait gagné le prix entre les plus vertueuses dames de son temps. »

Ainsi s'exprime un vieux manuscrit conservé à la bibliothèque du Prytanée de la Flèche. Ce joli conte finit tragiquement : Charles de Beaumanoir mourut victime de la Saint Barthélémy.

La terre de Malicorne passa ensuite à des frères ou neveux, mais resta constamment entre les mains des Lavardin jusqu'à l'époque qui nous occupe.

L'évêché du Mans fut détenu à plusieurs reprises par des membres de cette famille. En 1671, c'est Philibert-Emmanuel de Lavardin qui en est titulaire ; prélat épicurien, fastueux, tenant bonne table, mais d'esprit court, s'il faut en croire l'abbé d'Effiat, qui notait soigneusement sur un carnet les balourdises de son hôte ; prélat plus propre au monde qu'à la vie ecclésiastique, suivant un témoignage officiel (1).

Mgr de Lavardin devait rendre son âme à Dieu, quelques semaines après le passage de Mme de Sévigné. Voici, en effet, ce qu'elle écrit le 2 août 1671 :

« La mort de M. du Mans m'a assommée ; je n'y avais jamais pensé, non plus que lui ; et, de la manière dont je le voyais vivre, il ne me tombait pas dans l'imagination qu'il pût mourir. Cependant le voilà mort d'une petite fièvre, sans

____

(1) Rapport de Charles Colbert, Maître des Requêtes, au Roi.

avoir eu le temps de songer ni au ciel ni à la terre ; il a passé ce temps-là à s'étonner ; il est mort subitement de la fièvre tierce. La Providence fait quelquefois des coups d'autorité qui me plaisent assez, mais il en faudrait profiter ».

Oraison funèbre dont le ton léger convient bien au personnage. N'avait-il pas été soupçonné d'athéisme, lors de sa candidature au siège épiscopal du Mans ? M. Vincent, alors chef du Conseil de conscience de la Reine (Saint Vincent de Paul) avait fait des objections, tirées du désordre de sa vie, et de ce que, notamment, il avait chez lui un « M. Costar qui était un Sodomite et qui faisait profession d'impiété et d'athéisme ».

Et l'on n'avait pu vaincre les résistances de M. Vincent qu'à la suite d'une enquête approfondie sur la vie et les opinions de l'abbé de Lavardin.

C'est encore de Malicorne qu'à son retour Mme de Sévigné date la lettre du dimanche 13 décembre 1671 :

« Enfin ma fille me voilà par voie et par chemin ; il fait le plus beau temps du monde, en sorte que je fais fort bien une lieue ou deux à pied comme Madame. Pour La Mousse, il court comme un perdu ; il est un peu embarrassé de ne pas bien dormir, car il ne sait point ne pas être à son aise. Je partis donc mercredi, comme je vous l'ai mandé, je vins à Loresse, où l'on me donne deux chevaux ; je consentis à la violence qu'on me fit pour les accepter. Nous avons quatre chevaux à chaque calèche ; cela va comme le vent. Vendredi, j'arrête à Laval ; je vois justement cet honnête homme, cet homme si obligeant, crotté jusqu'au cul, qui m'apportait votre lettre ; je pensais l'embrasser » Le mot cru n'effarouche pas la marquise : mais là-bas, à Grignan, l'ancienne précieuse a dû tressauter : « Fi ma mère, la vilaine expression ! »

Sainte-Beuve a très justement remarqué qu'il y a chez Mme de Sévigné une verve abondante pleine de sens et de sel, voisine de celle de Molière. « Il y a de la Dorine en elle, dit-il, une Dorine de beau visage et de la meilleure compagnie : à cela près la même verve ».

Avant de quitter le château de Malicorne, indiquons qu'à la fin du XVIIIe siècle il passa dans la famille de La Châtre, par le mariage de Charlotte de Beaumanoir avec Louis, comte de Nancay, marquis de La Châtre. Ce fut, jusqu'à la Révolution, une résidence quasi princière, dont il ne reste aujourd'hui qu'un bâtiment, ayant encore, avec ses tours rondes et ses toits à la Mansart, une certaine allure. Mais le château actuel, aménagé dans les anciens communs, ne peut donner qu'une idée très imparfaite de la somptueuse demeure qui abritait Mme de Sévigné à chacun de ses passages.

III

Orléans. — La Loire

III

Orléans. — La Loire.

———

Le voyage de 1671 s'est fait en calèche, celui
de 1675 va se faire en carrosse, par Orléans, la
Loire et Nantes.

« Paris, lundi 9 septembre 1675.

« Adieu ma très chère, je m'en vais monter en
carrosse. Je quitte Paris pour quelque temps...
j'ai deux hommes à cheval et six chevaux. Je m'en
vais par Orléans et par Nantes ; je vous écrirai par
le chemin, c'est une de mes tendresses, comme dit
Monceaux. »

L'usage du carrosse était relativement récent ; —
il ne s'était en tous cas répandu que dans la première moitié du XVIIe siècle. En 1600 on n'en
comptait que quatre à Paris, appartenant au Roi,
à la Reine, à Bassompierre et à la fille d'un apo-
thicaire. M. H. de Gallier, qui donne ces intéressantes indications dans un article de la Revue :

Comment on voyageait autrefois, 1907 (III), ajoute que dès 1610 le nombre de ces véhicules est de 325 à Paris. — Nous qui avons vu naître et se développer l'automobile, nous pouvons facilement imaginer le succès d'un nouveau mode de locomotion plus confortable et à la portée des gens fortunés.

D'Orléans, la marquise écrit à sa fille, le 11 septembre :

« Enfin, ma fille, me voilà prête à m'embarquer sur notre Loire ! Vous souvient-il du joli voyage que nous y fîmes... Le temps et le chemin sont admirables ; ce sont de ces jours de cristal où l'on ne sent ni chaud, ni froid ; notre équipage nous amènerait fort bien par terre ; c'est pour nous divertir que nous allons sur l'eau. »

A la même date, elle écrit à Coulanges :

« ...A peine sommes-nous descendus ici que voilà vingt bateliers autour de nous, chacun faisant valoir la qualité des personnes qu'il a menées et la bonté de son bateau ; jamais les couteaux de Nogent ni les chapelets de Chartres n'ont fait plus de bruit. Nous avons été longtemps à choisir ;

l'un nous paraissait trop jeune, l'autre trop vieux ; l'un avait trop envie de nous avoir, cela nous paraissait d'un gueux dont le bateau était pourri ; l'autre était glorieux d'avoir mené M. de Chaulnes ; enfin la prédestination a paru visible sur un grand garçon fort bien fait, dont la moustache et le procédé nous ont décidés. »

Le port fluvial d'Orléans avait alors une réelle importance, dont on trouve trace dans les écrits du temps. Scarron y fait débarquer la troupe de son Roman Comique. Pendant la Fronde, Retz signale, à propos d'une intervention énergique de Mademoiselle pour décider l'entrée dans Orléans, qu'elle passa l'eau dans un petit bateau et qu'elle obligea « les bateliers qui sont toujours en nombre sur le port, de démurer une petite poterne, fermée depuis fort longtemps ».

Dans un autre passage de ses Mémoires, le coadjuteur donne une nouvelle preuve de l'utilisation de la Loire quand il raconte que l'escorte le conduisant à Nantes, où il allait être incarcéré, s'embarqua à Beaugency et descendit le fleuve dans deux bateaux, le premier ayant à bord le prisonnier, l'officier de garde, son enseigne et sa suite ; — le second une compagnie du régiment des Gardes, — ce qui démontre en même temps que les embarcations atteignaient un certain tonnage.

Comment la Loire est-elle tombée à l'état de torpeur où nous la voyons ?

Les chemins de fer ont certainement donné le coup de grâce à la batellerie, mais des phénomènes naturels ont aussi contribué à l'abandon presque complet de cette voie navigable, ensablements incessants et, suivant certaines autorités, affaissements du sol ayant profondément modifié le lit de la rivière. Quoi qu'il en soit, les quais d'Orléans présentaient encore en 1838 une grande animation, d'après un tableau de Charles Pensée, reproduit dans le numéro de décembre 1898 de la *Loire Navigable*. On y voit toute une flottille de chalands, de barques à voiles et, au premier plan, un bateau à vapeur appartenant à la Compagnie des Vulcains qui faisait le service des voyageurs entre Nantes et Orléans. A la même époque, une société concurrente, présidée par M. de la Rochejaquelin, exploitait une autre flottille de vapeurs dits les Inexplosibles, sur lesquels on trouve, dans l'ouvrage consacré à Mme de Sévigné par le comte Walsh. le passage suivant :

« En 1675. aucun service réglé n'était installé sur les fleuves et les grandes rivières ; des bateliers propriétaires de petites barques et de chétives embarcations se chargeaient de vous conduire d'une ville. d'une province à une autre ; une espèce de tente en toile était votre seul abri ; des bancs de bois. un peu de paille sous les pieds composaient tout le confortable de ces bateaux, bien loin comme vous le voyez, de ressembler aux Inexplosibles dont le marquis de la Rochejaquelein a doté la Loire. »

Ceci écrit en 1842.

On sait qu'un comité nantais. des plus entreprenants et des plus intelligemment dirigés, a l'ambition de rendre à la Loire son ancienne activité. Par son journal *La Loire Navigable*, auquel nous avons emprunté d'utiles indications, par les personnalités qui sont placées à sa tête, par le concours des villes et groupements intéressés. d'importants résultats ont déjà été obtenus, surtout dans la région nantaise. Les difficultés à vaincre sont formidables, et elles ne sont pas exclusivement techniques. Souhaitons de pouvoir refaire un jour le voyage d'Orléans à Nantes, par le fleuve, à la manière de Mme de Sévigné, ou, sans remonter si loin, avec les moyens dont disposaient nos grands parents à l'époque des Inexplosibles de M. de la Rochejaquelein.

Nous avons laissé Mme de Sévigné à Orléans; nous allons la retrouver à Tours, d'où elle écrit le 14 septembre 1675 :

« J'ai couché cette nuit à Véret; M. d'Effiat savait ma marche; il vint me prendre sur le bord de l'eau avec l'abbé: sa maison passe tout ce que vous avez vu de bien, d'agréable, de magnifique;' et le pays est plus charmant « qu'aucun autre qui soit sur terre habitable » ; je ne finirais point. M. et Mme de Dangeau y sont venus dîner avec moi et s'en vont à Valencay. M. d'Effiat vient de nous ramener ici; il n'y a qu'une lieue et demie de chemin semé de fleurs; il nous a quittés en nous faisant mille sortes d'amitié. Nous reprenons demain notre bateau et nous allons à Saumur. »

Si l'on veut bien fixer un instant sa pensée sur les personnages, sur le décor aimable de la Tou-

raine; si, par un effort d'ailleurs facile, on cherche à reconstituer l'ambiance de l'époque, cette
lettre est une des plus évocatrices de la correspondance de la marquise. Sauf erreur, elle a appelé
jusqu'à ce jour, peu de commentaires : profitons de
cette circonstance heureuse pour nous attarder ici
quelque peu.

IV

Véretz

IV

Véretz

———

Quand on se rend aujourd'hui de Paris à Bor-
deaux par la voie ferrée, on franchît la Loire.
avant d'arriver à Saint-Pierre-des-Corps, entre
Vouvray et Montlouis; à la sortie de Saint-Pierre-
des-Corps, on traverse le Cher, au pied des hau-
teurs de Saint-Avertin. C'est exactement par la
langue de terre comprise entre les deux rivières
que Mme de Sévigné a gagné Véretz, sur la rive
gauche du fleuve par « un chemin d'une lieue et
demie semé de fleurs ». Elle a quitté la Loire à
Montlouis, où M. d'Effiat « sachant sa marche,
est venu la recevoir ». Le château de Véretz, dominant le Cher sur une terrasse aux nobles lignes,
appartenait alors par indivis au duc de Mazarin
et à Jean Ruzé d'Effiat, qui l'avaient acquis le
16 mai 1662 de MM. Henri et Armand de Rancé.

Que de drames, publics ou intimes, évoquent
ces quelques noms ! D'Effiat, frère du malheu-

reux Cinq-Mars et oncle du marquis d'Effiat, si
tristement mêlé, suivant la version de Saint-
Simon. à la mort tragique de Madame; le duc de
Mazarin, ce maniaque, ce fantoche. mari d'une
des plus jolies femmes de la cour, ménage mal
assorti, déséquilibré par les originalités du mari
et les fantaisies débridées de la femme; Armand
de Rancé, ce mondain, ce raffiné, devenant, à la
suite d'une crise de conscience, de passion, disent
certains, le rude réformateur de la Trappe. Per-
sonnalités singulières et complexes, sur lesquelles
il est nécessaire de donner de plus amples détails
pour en bien marquer le relief.

Armand Le Bouthillier de Rancé, avant d'être
abbé de la Trappe, avait vécu brillamment, et on
pourrait presque ajouter bruyamment. dans le
siècle. Fils d'un Bouthillier, secrétaire de Marie
de Médicis, qui occupa plusieurs charges en vue;
neveu de Victor Le Bouthillier, plus tard archevêque de Tours; filleul du cardinal de Richelieu,
Armand Le Bouthillier de Rancé, tenait par ses
attaches tout à la fois au haut clergé et à la
noblesse. Son. éducation en reçut une double
empreinte et fut développée de telle manière qu'il

put aborder à son choix la carrière des armes ou
celle des lettres. Remarquablement organisé et
d'une rare précocité, il soutint très jeune en Sor-
bonne les diverses thèses qui le conduisirent aux
grades les plus élevés.

Son père était devenu propriétaire du château
de Véretz en 1637, attiré en Touraine par l'archevêque, son frère. C'est là que la famille se réunis-
sait l'été, et c'est là qu'Armand venait, après les
mois d'études, rejoindre les siens.

A quelques lieues de Véretz, dans la vallée de
l'Indre, s'élevait le château de Couzières, résidence d'Hercule de Montbazon, prince de la maison
de Rohan, qui commit l'imprudence d'épouser à 61 ans une jeune fille de 16 ans, Marie de
Bretagne, fille du comte de Vertus et d'une des-
cendante d'un bâtard du dernier duc de Bretagne.

Ce barbon, digne émule d'Arnolphe et de Bar-
tholo, ne pouvait pas ne pas avoir les mêmes aventures, mais il les éprouva à un degré qu'on imagi-
nerait difficilement, même au théâtre. Ridicule
d'ailleurs, comme il sied, il se signalait par ses
excentricités et l'insanité de ses propos. C'était,
dit Tallement, un homme tout simple, qui a dit

bien des sottises et à qui on en a attribué davantage encore. Les traits rapportés dans l'Historiette qui le concerne sont d'un médiocre intérêt; à retenir simplement cette réflexion, rentrant dans notre sujet, qu'ayant construit à Rochefort un château bizarre, tout plein de petites tourelles, de lanternes, d'eschauguettes et de petites plates-formes où il n'y a rien de propre que des cornes, celles-ci lui convenant à plus d'un titre.

Sa femme était au couvent, quand il l'épousa, « en religion » à la mode du temps, sans lien définitif; il l'appelait pour ce motif sa Religieuse.

Un sort fatal attend les unions aussi disproportionnées. Le ménage n'y échappa pas; il semble toutefois que la duchesse s'y abandonna avec une frénésie et une inconscience rares. Les témoignages des contemporains ne laissent guère d'illusions à cet égard. Pendant la Fronde, la duchesse de Montbazon est citée ouvertement comme la maîtresse et l'inspiratrice du duc de Beaufort. Dans la galerie de ses amants, on trouve Gaston d'Orléans, le comte de Soissons, d'Hocquincourt et beaucoup d'autres. M. de Chevreuse lui-même, mari d'une fille du premier mariage de M. de

Montbazon, fut parmi ses galants, d'où ce couplet :

> *Mais il fait cocu son beau-père*
> *Et lui dépense tout son bien,*
> *Tout en disant des patenôtres*
> *Il fait ce que lui font les autres.*

Ce dernier trait à l'adresse de la duchesse de Chevreuse, qui, on le sait, n'était pas non plus un modèle de fidélité conjugale.

Les gazetiers du temps rendent tous hommage à la beauté de la duchesse de Montbazon.

Lenet déclare que c'est une des plus galantes dames de la Cour, de qui la beauté s'est conservée jusqu'à l'âge de 48 ans. Loret la présente comme un peu charnue, avec de beaux membres arrondis, blancs, potelés et rebondis. Tallement plus précis encore, donne ce signalement : « une des plus belles personnes qu'on puisse voir ; un colosse, ayant déjà en ce temps-là un peu trop de ventre, et la moitié plus de tétons qu'il ne faut ; il est vrai qu'ils étaient bien blancs et bien durs ; le teint fort blanc, les cheveux fort noirs, et une grande majesté... »

4

Cette gaillarde avait un tempérament exigeant : ne disait-elle pas d'un de ces amants, le duc de Beaufort, le roi des Halles cependant, le beau garçon aux cheveux blonds abondants « qu'il était impuissant » ou « presque »...

Qu'une femme aux aventures aussi retentissantes, qu'un cavalier d'une nature ardente comme Armand de Rancé aient pu rester insensibles en face l'un de l'autre, et se contenter de relations platoniques, il est bien difficile de l'admettre. Et c'est pourtant ce que soutient avec une confiance tout évangélique l'excellent abbé Bossebœuf. historien attentif et très érudit du château de Véretz. Pour lui, par suite des relations de bon voisinage entre les châtelains de Couzières et de Véretz, il n'y eut entre Rancé et la belle duchesse que des rapports fondés sur une estime réciproque et sur l'amitié.

Mais M. Bossebœuf a le travers de ces auteurs, amoureux de leur sujet, qui veulent systématiquement ignorer toutes les vérités gênantes, ou. plus exactement, car ce reproche, formulé sous cette forme, serait de nature à rendre suspecte la sincérité de l'auteur. il a, pour les personnages

évoluant dans son cadre, une bonne volonté et
une indulgence miséricordieuse vraiment tou-
chantes. On sent qu'en historien averti il a voulu
connaître tous les aspects de la faiblesse humaine ;
mais qu'en vicaire du Christ, habitué aux néces-
sités du tribunal de la pénitence, il conserve pour
les pécheurs repentants des trésors de bienveil-
lance.

Ainsi peut s'expliquer sa colère contre « un
écrivain anonyme d'Outre-Rhin, sorti des rangs
du protestantisme, qui a cru de bon goût d'inven-
ter de toutes pièces et sans l'appui du plus mince
document, un drame romanesque dont le récit a
été reproduit depuis par des écrivains, hélas trop
peu soucieux de remonter aux sources ».

Ce drame romanesque, c'est évidemment celui
auquel Saint-Simon fait lui-même allusion dans
le passage suivant :

« La princesse de Guéménée, morte duchesse
de Montbazon en 1657, mère de M. de Soubise,
était cette belle Mme de Montbazon dont a fait
ce conte qui a trouvé croyance : que M. l'abbé de
Rancé, depuis ce célèbre abbé de la Trappe, en

était fort amoureux et bien traité; qu'il la quitta à Paris, se portant fort bien, pour aller faire un tour à la campagne; que bientôt après, y ayant appris qu'elle était tombée malade, il était accouru, et qu'étant entré brusquement dans son appartement, le premier objet qui y était tombé sous ses yeux avait été sa tête, que les chirurgiens, en l'ouvrant, avaient séparée; qu'il n'avait appris sa mort que par là, et que la surprise et l'horreur de ce spectacle, joint à la douleur d'un homme passionné et heureux, l'avait converti, jeté dans la retraite, et de là dans l'ordre de Saint-Bernard et dans sa réforme.

« Il n'y a rien de vrai dans cela, mais seulement des choses qui ont donné cours à cette fiction. Je l'ai demandé franchement à M. de la Trappe non pas grossièrement, l'amour et beaucoup moins le bonheur, mais le fait et voici ce que j'en ai appris: il était intimement de ses amis, ne bougeait de l'hôtel de Montbazon, et ami de tous les personnages de la Fronde, de M. de Châteauneuf, de M. de Chevreuse, de M. de Montrésor, et de ce qui s'appelait les « Importants », mais plus particulièrement de M. de Beaufort, avec qui il faisait

très souvent des parties de chasse, et dans la
dernière intimité avec le cardinal de Retz et qui
a duré jusqu'à sa mort. Mme de Montbazon
mourut de la rougeole en fort peu de jours. M. de
Rancé était auprès d'elle et ne la quitta point, lui
vit recevoir les sacrements, et fut présent à sa
mort. La vérité est que, touché et tiraillé entre
Dieu et le monde, méditant depuis longtemps une
retraite, les réflexions que cette mort si prompte
fit faire à son cœur et à son esprit achevèrent de
le déterminer, et peu après il s'en alla dans sa
maison de Véretz en Touraine, qui fut le commencement de sa séparation du monde ».

Le témoignage, recueilli par Saint-Simon est
très précieux à certains égards, mais il ne peut être
accepté que sous bénéfice de remise au point.

Même parlant à un ami, l'intéressé, dans l'état
d'esprit où il se trouvait alors, et par suite de
l'attitude morale qu'il avait adoptée, devait chercher à donner à la mort de Mme de Montbazon
une apparence chrétienne. Il eût été inhumain et
illogique d'attendre de lui un récit plus exact,
aussi cruel par l'évocation de certains détails que
contraire à ses préoccupations religieuses d'alors.

Aussi n'a-t-on aucune raison de s'en tenir à cette version édulcorée et est-on en droit de rappeler celle singulièrement plus tragique qui a été adoptée par plusieurs auteurs.

Mme de Montbazon, atteinte de la rougeole, est morte en quelques jours des suites de cette maladie. A Paris ou la campagne ? les opinions diffèrent. Suivant les uns, la duchesse a rendu le dernier soupir à Paris, dans son hôtel, ayant auprès d'elle les siens, notamment son fils, le prince de Guéménée, et après avoir reçu des mains de l'abbé de Rancé les secours de la religion. Le récit de Saint-Simon confirme cette version, avec cette précision que, Rancé, parti quelques jours auparavant pour Véretz, aurait été appelé d'urgence auprès de la malade.

Suivant d'autres, la duchesse aurait été atteinte du mal qui devait l'emporter, à la campagne, à Couzières, probablement. Rancé, prévenu tardivement, ne serait arrivé qu'après la mise en bière et, détail sinistre, aurait aperçu, en entrant dans la chambre mortuaire, et placée bien en évidence, la tête de la duchesse, que les chirurgiens avaient

détachée du corps à cause des dimensions insuf-
fisantes du cercueil.

Frappé de stupeur, miné par le chagrin, déjà
très avancé sur le chemin de la pénitence, Rancé
aurait de ce jour décidé de rompre avec le monde
et d'entrer à la Trappe pour y devenir le réformateur de l'ordre.

Comme justification de cette scène à allure
romantique on pourrait, à la vérité, invoquer plusieurs circonstances : d'abord la taille anormale
de la duchesse, de nature à expliquer l'impossibilité où l'on se serait trouvé d'utiliser un cercueil ordinaire. Puis, cette habitude qu'avaient
nos pères, si contraire à nos mœurs actuelles, de
retirer certaines parties du corps, — le cœur ou
les entrailles, — pour les conserver dans une urne
spéciale, à titre d'hommage rendu aux personnes
de haut rang.

A la mort de Saint-Cyran, dit Sainte-Beuve
dans *Port-Royal*, on fit l'ouverture du corps. Le
cœur fut réservé par testament à M. d'Andilly ;
les mains furent attribuées à Lancelot, un des
solitaires ; les entrailles inhumées à Port-Royal

de Paris, et l'on se décida à enterrer le reste du corps à Saint-Jacques du Haut-Pas.

Mœurs vraiment singulières, répugnantes à certains égards, quel que soit le sentiment de vénération qui les inspirait, bien éloignées en tous cas de notre manière de voir et de sentir.

Il est certain que ces sortes de dissections, pratiquées par les chirurgiens, autorisaient bien des procédés, qui seraient jugés aujourd'hui choquants au dernier point. Quoi qu'il en soit, et en ne retenant que le choc moral qu'a dû produire chez l'abbé de Rancé la mort prématurée d'une femme qui avait tenu une si grande place dans sa vie, on est amené à reconnaître que cet événement a bien pu provoquer l'ébranlement intérieur d'où est sortie cette extraordinaire vocation religieuse.

De toute façon le cas de Rancé a vivement frappé ses contemporains et il est curieux de recueillir leurs témoignages, d'ailleurs contradictoires, tant sur les détails mêmes du drame, que sur les causes de la conversion.

La gazette du 2 avril 1657 rapporte que le mal dura cinq jours et que la duchesse finit tout à fait chrétiennement. Mme de Motteville affirme que

Mme de Montbazon fut enlevée en trois heures. Enfin Mademoiselle, dans ses Mémoires, fait dater la crise de conscience, qui a précipité Armand de Rancé à la Trappe, de la mort de Gaston d'Orléans, en février 1660, après qu'il eût veillé près du corps de ce prince et réfléchi toute une nuit sur la vanité des biens de ce monde.

« Dans le temps de la mort de Monsieur, dit-elle, Dieu commençait à toucher l'abbé de Rancé, et, comme les esprits vifs prennent feu aisément, celui de l'amour du Créateur lui fit abandonner tout celui qu'il avait eu pour le monde ». Observation profonde rappelant celle dédiée sous une forme plus irrévérencieuse par Saint-Evremond, aux grandes pécheresses de son temps :

« La dévotion est le dernier de nos amours. Ces beautés usées qui se donnent à Dieu pensent avoir éteint de vieilles ardeurs qui cherchent secrètement à se réveiller, et leur amour n'ayant fait que changer d'objet, elles gardent pour leurs dernières souffrances les mêmes soupirs et les mêmes larmes qu'ont exprimés leur vieux tourment... »

Quels personnages et quel beau sujet pour un dramaturge !

*
* *

C'est après la retraite de l'abbé de Rancé à la Trappe que le domaine de Véretz passa entre les mains de Jean Ruzé D'Effiat et du duc de Mazarin, son neveu, exactement le 16 mai 1662. L'acquisition était faite par indivis, des arrangements de famille fixant les droits respectifs de chacun. En 1680, l'indivision cessa et Mazarin resta seul propriétaire.

D'Effiat, Mazarin, encore des noms qui ne peuvent laisser indifférent. C'est, d'un côté le drame et de l'autre la comédie. Et quel drame, et quelle comédie !

L'aventure de Cinq-Mars est trop connue pour qu'il soit utile de la rappeler. Bornons-nous à reconstituer le milieu familial et à indiquer les attaches des nouvaux propriétaires de Véretz.

Les D'Effiat étaient trois frères : Martin, Henri et Jean. Martin est le chef de la branche qui vécut à Montrichard et d'où est sorti le marquis, écuyer de Monsieur et l'ami du Régent. Henri est plus connu sous le nom de Cinq-Mars ; Jean, c'est l'abbé. Deux sœurs, Charlotte, entrée en religion, et Marie, femme du maréchal de la Porte, duc de la Meilleraye, complétaient la famille.

Le père, le maréchal d'Effiat, adroit courtisan suivant Tallement, plut au cardinal de Richelieu, devint grand maître de l'artillerie et surintendant des finances. On ne dit pas s'il connaissait mieux les chiffres que l'orthographe ; il écrivait le mois d'octobre, « auquetaubray ». Sa fille Marie, duchesse de la Meilleraye, eut un fils, Charles Armand de la Porte, qui devint dans la suite duc de Mazarin, comme conséquence de son mariage avec Hortense Mancini. C'est lui qui fut propriétaire de Véretz, à partir de 1662, avec son oncle l'abbé d'Effiat.

C'est aux deux implacables témoins de cette époque qu'il faut toujours demander les traits caractéristiques des personnages, à Saint-Simon. le grand seigneur qui a tout observé. et à Tallement, le médisant bourgeois, suivant une assez juste expression, tous deux guidés souvent par la passion ou le parti pris, témoins essentiels néanmoins, car ils complètent ou redressent ce que l'histoire officielle a de conventionnel et de figé.

Martin d'Effiat, l'aîné des trois frères, est mort jeune ; il laissa un fils, le marquis d'Effiat, l'écuyer de Monsieur, que Saint-Simon accuse formellement de l'empoisonnement de Madame. Lié intimement avec le chevalier de Lorraine, il aurait reçu de ce dernier, alors exilé à Rome, un poison sûr et prompt, apporté d'Italie par un exprès et l'aurait versé de ses mains dans un verre destiné à Madame.

Pourquoi ce crime ?

On aborde ici un ordre d'idées bien déplaisant ; mais comment le négliger, si l'on veut comprendre l'enchaînement des faits, tels que Saint Simon les admet. C'est encore lui qui va, par une expression aussi concise que vigoureuse, nous faire entrer dans cette répugnante intrigue. Le goût de Monsieur n'était pas celui des femmes, dit-il.

Le chevalier de Lorraine, mignon attitré, exerçait sur le frère du Roi une influence prépondérante. Madame, la douce Henriette, souffrant des basses intrigues du chevalier de Lorraine, avait obtenu de Louis XIV l'exil de celui-ci. Mais Henriette, quoique excusable, n'était pas elle-même sans reproche. Elle était en faveur auprès de Louis ; « Ses galanteries donnaient de la jalousie à Monsieur. Le goût opposé de Monsieur indignait Madame. »

Son crédit auprès du Roi devenait gênant pour l'entourage de Monsieur. Les courtisans qui souffraient de ce renversement d'influence conçurent le projet de faire revenir de Rome le chevalier de Lorraine.

Pour y parvenir, il fallait d'abord supprimer l'obstacle, faire disparaître Madame. D'où le verre d'eau empoisonnée. Mais un serviteur a surpris d'Effiat au moment où il versait le poison ; — et Louis XIV, informé par lui des détails du crime, garda ce terrible secret, à cause de la raison d'état. Tel est, du moins, le récit de Saint-Simon. La version de l'empoisonnement, admise aussi par Mme de La Fayette et presque tous les contemporains, est aujourd'hui contestée par de nombreux historiens.

Le marquis d'Effiat était, toujours d'après le même auteur, un homme de sac et de corde, d'autant plus dangereux qu'il avait beaucoup d'esprit et de sens, fort débauché, mais avec sobriété, pour conserver sa santé. Physiquement un assez petit homme, sec, bien fait, droit, propre, à perruque blonde, à mine rechignée, fort glorieux, poli avec le monde.

Ainsi nous est présenté le propre neveu de l'abbé.

Passons maintenant au neveu par alliance. Armand Charles de la Porte de la Meilleraye, duc de Mazarin. Il porte un grand nom, est solidement apparenté, aux Richelieu par son père, à Mazarin, par sa femme, Hortense Mancini; c'est pourtant un pauvre sire, un grotesque, un pantin et, pour son malheur, avec un pareil signalement, le mari d'une jolie femme.

Ses excentricités sont proverbiales.

C'est lui qui interdit dans ses domaines aux femmes et aux filles de traire les vaches pour éloiger d'elles les mauvaises suggestions. Il mutile les plus belles statues et barbouille les plus célèbres tableaux de la galerie Mazarin, dans je ne sais quelle arrière pensée d'étroite dévotion. Il ose, — et là son inspiration est moins fâcheuse, adresser des remontrances au roi sur sa liaison avec La Vallière ; et Louis XIV, l'ayant patiemment écouté, se borne à dire, en mettant la main sur son front : « Il y a longtemps que je sais que vous êtes blessé là ».

Le monarque, malgré tout, eut toujours un faible pour lui ; il l'accueillait volontiers, en souvenir des deux grands ministres dont il était le parent et l'allié.

Pour être juste, il convient de reconnaître que le duc de Mazarin n'était pas complètement dénué des qualités de l'esprit ; ses dons furent compromis par les chagrins domestiques. Il était maniaque, d'une dévotion mesquine : sa tête n'y résista pas.

Dans une lettre postérieure, celle du 13 août 1689, Mme de Sévigné confirme le triste état du duc de Mazarin :

« On ne saurait faire un bon compte de l'extravagance de cet homme : c'est un fou ; il est habillé comme un gueux ; la dévotion est tout de travers dans sa tête ».

La lettre est datée d'Auray ; c'est au cours d'un voyage que la marquise faisait avec le duc

et la duchesse de Chaulnes qu'elle vit à Port-
Louis, près de Lorient, « le visage effroyable de
M. de Mazarin ».

Ce pauvre homme avait la manie des procès ;
il en soutint plus de trois cents, dit-on. Il lui
était indifférent de les perdre ; un jugement en
bonne et due forme suffisait à son bonheur ; tel
Perrin Dandin.

Le caustique Saint-Evremond lui décoche à cet
égard, quelques traits.

Est-ce que son époux aurait quitté la terre
Pour aller plaider dans les cieux
Et mettre en jugement le maître du tonnerre

Je vivrai, dit l'époux, en dépit de l'envie.
La bonne justice aux dépens
De ma femme et de mes enfants
Me rendra des arrêts tout le temps de ma vie.
Le procès est de droit divin
Et l'accommodement vient de l'esprit malin.

Après quelques années de ménage, et malgré la
naissance de quatre enfants, une incompatibilité
d'humeur absolue sépara les deux époux.

Hortense Mancini était trop belle, elle avait un sang trop ardent dans les veines. Elle partit pour courir le monde, vécut à Rome chez sa sœur Marie, princesse Colonna ; à Chambéry, chez le prince de Savoie ; elle passa plus tard en Angleterre, tandis que Mazarin, mari jaloux et inconsolable, assaillait le Parlement et le roi lui-même de requêtes pour faire rentrer sa femme dans le devoir.

On trouve une allusion à ces démêlés dans la lettre de Mme de Sévigné du 27 février 1671.

« Mme de Mazarin partit, il y a deux jours, pour Rome. M. de Mazarin se plaignit au roi qu'on envoyât sa femme à Rome sans son consentement ; que c'était une chose inouïe qu'on ôtât ainsi une femme de la domination de son mari et qu'on lui fît donner vingt-quatre mille livres de pension par an, et douze mille francs présentement, pour un voyage qu'il n'approuvait point et qui le déshonorait. Sa Majesté l'écouta, mais tout étant réglé, et le voyage résolu, il n'en fut autre chose. Pour Mme de Mazarin, sur tout ce qu'on lui disait ici pour l'obliger de se remettre avec son mari, elle répondait toujours en riant, comme pendant la guerre civile : « Point de Mazarin, point de Mazarin ».

Hortense Mancini trouva une émule dans la marquise de Courcelles, Sidonia de Lénoncourt, une des femmes les plus dissolues de la Cour, enfermée comme elle au couvent des Filles Sainte-Marie de la rue Saint-Antoine, à la suite d'incartades matrimoniales.

On a beau être un observateur narquois et quelque peu désabusé des temps présents et passés, il est difficile d'accepter la conduite vraiment scandaleuse de certaines grandes dames du temps de Louis XIV. Elles avaient le diable au corps, et de toutes manières.

Voici quelques-unes des plaisanteries de haut goût auxquelles la duchesse de Mazarin et la marquise de Courcelles se livrèrent pendant leur séquestration commune au couvent des Filles Sainte-Marie.

« On fit, dit la duchesse de Mazarin dans ses Mémoires, cent contes ridicules au Roi ; que nous mettions de l'encre dans les bénitiers pour faire barbouiller les religieuses ; que nous allions courir par les dortoirs pendant leur premier somme avec beaucoup de petits chiens en criant: « Tayaut et plusieurs choses semblables, ou absolument inventées ou exagérées avec excès. »

Hortense Mancini reconnaît implicitement que ces rapports au roi n'étaient pas sans fondement; elle ajoute que la marquise de Courcelles était fort aimable de sa personne et fort réjouissante; elle eut la complaisance d'entrer pour elle dans quelques plaisanteries qu'elle fit aux religieuses et elles se livrèrent ensemble à de francs tours de page.

On ne tient pas longtemps en cage de tels oiseaux :

> *Mazarin et Courcelles*
> *Sont dedans un couvent*
> *Mais elles sont trop belles*
> *Pour y rester longtemps.*

disait une chanson du temps. En effet, les deux amies ne tardèrent pas à s'échapper. Pour dépister les sbires lancés à leur poursuite, la duchesse s'habillait en homme. A Rome, où elle s'était un moment réfugiée, elle entraîna sa sœur la princesse Colonna, qui voulait également abandonner son mari, dans une fugue du même genre ; les deux sœurs, sous des vêtements masculins, allèrent s'embarquer à Civita Vecchia et après huit jours de navigation, abordèrent en Provence.

Mme de Grignan, informée de leur état précaire, leur envoya du linge propre, car les deux aventurières voyagaient avec des pierreries mais manquaient de tout le reste.

Des héroïnes de cette espèce pourraient alimenter des digressions à l'infini. Il est temps de les abandonner pour revenir au château de Véretz.

La présentation de l'abbé d'Effiat prendra moins de temps que celle du duc de Mazarin et de sa femme.

Et d'abord une question préalable se pose; le nom de d'Effiat était-il difficile à porter ; montrait-on comme un réprouvé le frère du conspirateur Cinq-Mars, qui se trouvait en même temps l'oncle de ce marquis d'Effiat, complice présumé de l'empoisonnement de Madame, et l'oncle par alliance de cette duchesse de Mazarin dont l'inconduite était notoire ? Il ne semble pas que les contemporains se soient beaucoup inquiétés de l'accumulation dans une même famille de tant de singularités ou de vilenies. Politiquement tous ces princes qui avaient conspiré contre Richelieu et Mazarin étaient absous; on n'incriminait pas plus les d'Effiat et les Montmorency qui avaient d'ailleurs payé leurs erreurs de leur tête, que les Condé, les Turenne et autres grands seigneurs, d'avoir alternativement servi et combattu la Cour en s'appuyant parfois sur l'ennemi du dehors.

Quant aux soupçons qui pouvaient atteindre le marquis D'Effiat, rappelons-nous que c'était, suivant l'expression même de Saint-Simon, un homme de sac et de corde ; disons plus simplement qu'il avait de l'estomac. Replaçons dans son milieu cet homme audacieux, fort de l'appui de Monsieur et du silence du roi, et nous comprendrons sans peine qu'à la cour c'est une puissance à laquelle on ne s'attaque pas et qu'on redoute, si on ne l'estime. Et les frasques de la duchesse de Mazarin, si retentissantes qu'elles soient, ne peuvent davantage atteindre l'oncle, l'opinion d'ailleurs s'amusant plus qu'elle ne se scandalise de semblables incartades.

Jean D'Effiat, dit l'abbé, peut donc poursuivre sans trouble sa carrière libertine, faire la cour aux dames et demeurer le galant cavalier qu'on choie dans les réunions élégantes.

Tallement a sur lui un jugement sommaire et tranchant : « Quant à l'abbé, dit-il, c'est peu de chose», et il veut bien ajouter en note « quoiqu'il ait assez d'esprit » .

Tallement n'aime pas la famille. Il rapporte sur Louis XIII et Cinq-Mars de bien vilains bruits, qu'on a peine à lire ; aussi son témoignage est-il suspect.

Il est d'ailleurs formellement démenti par Saint-Simon et par Mme de Sévigné. Le premier reconnaît que Jean D'Effiat avait de l'esprit, la conversation agréable, qu'il savait mille choses et était fort bon homme. Et l'attachement sincère et durable que lui voua la marquise de Sévigné est, en somme, une excellente référence. On sera dans la note juste, semble-t-il, si l'on dit que l'abbé D'Effiat a été avant tout un mondain, en laissant à ce qualificatif tout ce qu'il a d'aimable et de superficiel.

Mais l'esprit des salons n'est pas toujours inoffensif. D'Effiat subissait précisément en 1675, à l'époque du voyage de Mme de Sévigné, un exil imposé par le roi à la suite de propos jugés malencontreux. Mme de Sévigné, indépendante et fidèle, ne se laisse pas arrêter par cette atmosphère de disgrâce ; elle ne refuse pas à l'ami malheureux le réconfort de sa présence.

Quelle était exactement la nature de l'affection de la marquise pour D'Effiat ? C'était une amitié sincère, assez profonde, dépourvue cependant de tout entraînement sentimental. Des polissons célèbres, comme son cousin Bussy, comme D'Effiat, ont pu jouer un certain rôle dans sa vie, sans que sa réputation en ait été éclaboussée. Elle était trop bien équilibrée, et trop maîtresse d'elle-même pour tomber dans les pièges de ces « précepteurs d'amour », comme on disait alors.

Aussi la voyons-nous plaisanter, sans plus, avec ces libertins qui l'amusent, et qu'elle sait, au besoin, remettre à leur place.

Elle appelle d'Effiat, par dérision, son mari, et ne s'étonne ni ne se scandalise quand elle apprend un projet de mariage avec « une jeune nymphe de quinze ans, fille de M. et de Mme de la Bazinière, façonnière et coquette en perfection (1).

Cet ancien amant de Ninon de Lenclos (c'est de l'abbé d'Effiat qu'il s'agit, car il l'avait été avec bien d'autres), ne conclut pas l'alliance en question, peut-être uniquement pour la raison qu'en donne Mme de Sévigné, « parce qu'il aurait ainsi quitté quarante mille livres de rentes de bénéfices », étant titulaire de l'abbaye de Saint-Sernin de Toulouse, de celle des Trois-Fontaines et du Prieuré de Longjumeau, auxquels il aurait fallu renoncer en cas de mariage.

Il resta donc abbé, et abbé mondain, toujours recherché, presque jusqu'à son dernier souffle, ainsi que le prouve une lettre de Coulanges du 4 mars 1695. Coulanges rend compte à sa cousine d'une fête donnée à l'hôtel de Chaulnes en l'honneur de l'abbé d'Effiat. Celui-ci a bien près de soixante-dix ans ; il est resté très sociable. On continue, par une vieille habitude, à le choyer, et

---

(1) Lettre du 28 octobre 1671.

cette fidélité du monde, généralement oublieux et vain, a quelque chose de touchant. D'Effiat avait pour ainsi dire perdu la vue... « Tout vieux et tout aveugle qu'il était devenu, dit Saint-Simon, il était encore du grand monde et il avait la manie, quoique depuis plus de vingt ans aveugle, de ne le vouloir pas paraître ; il se gouvernait en conséquence comme s'il eût vu clair. On avait pitié de cette faiblesse et on ne faisait pas semblant de s'en apercevoir. »

Il tînt ainsi son rôle jusqu'au bout, à la manière de ces fanatiques dont la seule raison de vivre est de voir leur nom figurer dans les rubriques mondaines, entre les réputations consacrées, authentiques fils de France, et princes exotiques de tout poil et de toute couleur.

Quand Mme de Sévigné, approchant de Véretz, aperçut le château s'encadrant délicatement dans le fin paysage de Touraine, évoqua-t-elle tous les souvenirs qui s'attachaient à ces divers personnages ? Fut-elle tentée de faire quelques réflexions philosophiques en songeant au destin singulier de la plupart d'entre eux, héros et héroïnes de la Fronde, ou courtisans coudoyés à Versailles ?

Il n'est pas probable. Non pas qu'elle fût dénuée de sens critique et qu'elle fût incapable de faire des rapprochements de cet ordre; loin de là. Mais Mme de Sévigné n'était nullement portée à se livrer en voyage à des essais de psychologie. Elle se bornait à jouir du présent, en véritable épicurienne : à apprécier à Malicorne la bonne chère et la maison bien tenue; à Véretz, le château agréable et magnifique, « le pays plus charmant qu'aucun autre qui soit sur la terre habitable ». Elle notait ailleurs ce plaisir tout physique procuré par ces jours de cristal où l'on ne sent ni chaud ni froid. Bref il ne faut pas lui demander plus qu'elle ne veut donner en semblable occurence. C'est, suivant l'expression un peu osée de Jules Lemaître, — une blonde réjouie, une grosse mère la joie, qui rejette momentanément tout souci; — ou mieux, en empruntant ce joli signalement à M. André Beaunier, une « chatte blanche » qui ronronne agréablement en face de mets appétissants dans un cadre élégant et confortable.

Lorsque, au cours de ses déplacements, sa pensée se teinte de mélancolie, c'est au souvenir des années d'autrefois, alors que sa fille était auprès d'elle. C'est à Saumur, l'allusion au petit comte des Chapelles et à une « Mlle de Sévigné »; c'est à Nantes, la visite à : « nos filles de Sainte-Marie qui vous adorent et se souviennent de toutes les paroles que vous prononçâtes chez elles ». C'est à la Silleray chez d'Harouis, « le séjour en ce lieu où vous avez été avec moi ».

Il faut qu'elle revienne à son idée fixe, tyrannique, sa fille qui est là-bas à Grignan, dans le pays de la bise, si loin, si loin...

Et demain, après la réception magnifique au château de Véretz, ce sera l'arrêt à Tours, précisément pour écrire à sa fille exilée et reprendre avec elle l'entretien interrompu.

Mais avant de suivre Mme de Sévigné dans son voyage, indiquons rapidement quel fut dans la suite le sort du domaine de Mazarin et de d'Effiat.

L'indivision entre l'oncle et le neveu prit fin en 1680; le duc resta seul propriétaire. Après lui le château passa à sa fille Marie-Charlotte, devenue par son mariage marquise de Richelieu, qui le transmit à son fils, Armand Louis, comte d'Agénois. Ce dernier obtint du Roi, par l'entremise de

la princesse de Conti, à laquelle il n'était pas indifférent, de faire revivre à son profit le titre de duc
d'Aiguillon éteint depuis la mort de sa tante, la
duchesse d'Aiguillon. Par cette substitution les
châtelains de Véretz porteront dorénavant le titre
de duc d'Aiguillon. Le premier est Armand-
Louis, propriétaire, en 1730; — le second Emmanuel-Armand, en 1750, qui le resta jusqu'à la
veille de la Révolution, 1788, date de sa mort;
(c'est le Gourverneur de Bretagne, qui eut des
démêlés fameux avec la Chalotais et le Parlement
de Bretagne; c'est le même qui succéda à Choiseul
comme ministre des affaires étrangères); — après
lui Armand-Désiré, député par la noblesse d'Agen
aux Etats Généraux de 1789, émigré en 1792,
dépossédé de ses biens par ce fait.

Les ducs d'Aiguillon, Armand-Louis et Emmanuel-Armand, modifièrent complètement l'aspect
extérieur du château, agrandirent les terrasses et
le parc. Alors que les précédents propriétaires
avaient laissé aux bâtiments leur caractère irrégu-
lier, avec leurs façades de diverses époques, flan-
quées de deux tours carrées sur le Cher, et de
deux tours rondes, sur le village, Armand-Louis

et Emmanuel-Armand recherchèrent la symétrie et firent circuler l'air et la lumière dans les appartements en ouvrant de larges et hautes fenêtres dans le goût de Versailles et de Trianon. Les terrasses furent transformées, les jardins dessinés suivant la mode du jour. Enfin les dispositions intérieures, l'ameublement, les tentures donnèrent aux salons et aux logements particuliers le cachet de la plus haute élégance.

Un document de la période révolutionnaire expose que : « C'était un château superbe, construit à la moderne, et réunissant tout ce qu'on peut désirer d'agréable, d'utile et de commode ». Ainsi s'exprime la requête adressée au citoyen ministre de l'Intérieur par un homme de goût qui cherchait à soustraire le domaine à un sort fatal. La pétition n'empêcha ni la destruction, ni le morcellément : tout disparut dans la tourmente. « Château, chapelle, donjon, tout s'en va, tout s'abime, écrit Paul-Louis Courrier en 1819. Adieu bosquets, parterres, gazons, allées d'arbrisseaux et de fleurs.»

Ce qui a survécu, ce sont quelques vestiges des anciennes tours ; c'est une partie des terrasses, c'est le site, heureusement inaliénable et indestructible.

Avant de nous éloigner de Véretz, après cette longue halte, il est juste de payer un tribut de gratitude à celui qui nous a fourni une large documentation dans son bel ouvrage : le Château de Véretz, son histoire et ses souvenirs. Le livre de l'abbé Bosseboeuf, contenant plus de cinq cents pages et illustré de deux cent cinquante-cinq planches fait honneur à l'auteur et à l'éditeur. Il a été inspiré par une pieuse pensée, celle de remonter aux plus lointaines origines du château et du bourg de Véretz et d'en raconter l'histoire à travers les siècles. Avec quels soins touchants et quelle indulgence toute chrétienne le bon abbé remplit la mission qu'il s'est donnée, on peut facilement s'en rendre compte en feuilletant le volume.

On n'est certes pas obligé d'accepter toutes ses interprétations ; son style imagé et fleuri, style d'un rhétoricien qui s'applique, agace parfois et fait regretter que sa prose ne s'inspire pas davantage des grands modèles qu'il a sous la main : Mme de Sévigné ou le Vigneron de la Savonnière, Paul-Louis Courrier ; mais ce sont là mauvaises chicanes. On doit s'incliner devant ce labeur et cette conscience qui ont permis à l'érudit tourangeau d'élever à son château et à ses ouailles de Véretz un monument réellement digne du plus grand respect.

Remercions-le surtout de nous avoir fourni le décor splendide, peu connu avant lui, dans lequel vient de se dérouler cette espèce de film historique.

V

Saumur et Nantes

V

Saumur et Nantes

La lettre datée de Tours le 14 septembre est suivie de celle du 17, où Mme de Sévigné signale son passage à Saumur, puis de celle du 20, datée de Nantes, racontant l'arrivée dans cette ville. Les menus faits de la route y sont rapportés succinctement. Pour gagner Nantes en deux jours, venant de Saumur, il a fallu naviguer deux heures de nuit ; le bateau s'est engravé et les passagers ont été contraints de rester à deux cents pas d'une hôtellerie sans pouvoir aborder.

Le lendemain au départ « l'embarcation était si parfaitement bien établie dans le gravier que les bateliers ont dû travailler près d'une heure pour la dégager ».

Le récit de l'arrivée à Nantes est à citer tout entier.

« J'arrivai ici à neuf heures du soir au pied de ce grand château que vous connaissez, au même endroit où se sauva notre cardinal ; on entendit une petite barque ; on demande qui va là ? J'avais ma réponse toute prête, et en même temps on voit sortir par la petite porte M. de Lavardin avec cinq ou six flambeaux de poing devant lui, accompagné de plusieurs nobles, qui vient me donner la main et me reçoit parfaitement bien. Je suis assurée que du milieu de la rivière cette scène était admirable ; elle donna une grande idée de moi à mes bateliers ; je soupai fort bien ; je n'avais ni dormi, ni mangé depuis vingt-quatre heures ; j'allai coucher chez M. d'Harouis ; et ce ne sont que festins au château et ici. »

Il faudra revenir sur ce séjour à Nantes et surtout sur l'allusion à la fuite du cardinal de Retz ; mais avant d'aller plus loin il paraît nécessaire de compléter les impressions de voyage de 1675 par celles de 1680.

Cette fois ce n'est plus à l'automne que Mme de Sévigné s'est mise en route, c'est au printemps. Son fils l'accompagne jusqu'à Orléans, d'où elle écrit à Mme de Grignan le 8 mai : « Nous voici arrivés sans aucune aventure consi-

dérable; il fait le plus beau temps du monde; les
chemins sont admirables; notre équipage va bien;
mon fils m'a prêté ses chevaux et m'est venu
conduire jusqu'ici. Il a fort égayé la tristesse du
voyage. Nous avons causé, disputé et lu, nous
sommes dans les mêmes erreurs, cela fournit beaucoup. Notre essieu rompit hier dans un lieu merveilleux... Les jours sont si longs que nous n'eûmes pas
même besoin du secours de la plus belle lune du
monde qui nous accompagnera sur la Loire, où
nous nous embarquerons demain ».

De Blois, le 9 mai 1680 :

« ...Nous sommes dans le bateau à six heures
par le plus beau temps du monde; j'y ai fait
placer le corps de mon grand carrosse d'une manière que le soleil n'y a point entrée dedans. Nous
avons baissé les glaces; l'ouverture du devant fait
un tableau merveilleux, les portières et les petits
côtés nous donnent tous les points de vue qu'on
peut imaginer. Nous ne sommes que l'abbé et moi
dans ce joli cabinet, sur de bons coussins, bien à
l'air, bien à notre aise; tout le reste comme des
cochons sur de la paille. Nous avons mangé du

potage et du bouilli tout chaud : on a un petit
fourneau, on mange sur un ais de carrosse, comme
le Roi et la Reine. Voyez, je vous prie, comme
tout s'est raffiné sur notre Loire. Je regarde, j'admire cette belle vue qui fait l'occupation des pein-
tres. Nous passons tous les ponts avec un plaisir
qui nous les fait souhaiter ; il n'y a pas beaucoup
d'ex-votos pour les naufrages de la Loire, non
plus que pour la Durance ; il y aurait plus de raison de craindre cette dernière, qui est folle, que
notre Loire qui est sage et majestueuse... J'ai
entendu mille rossignols : j'ai pensé à ceux que
vous entendez sur votre balcon ».

— De Tours, le 10 mai :

« Toujours, ma fille, avec la même prospérité.
Je n'ai jamais rien vu de pareil à la beauté de
cette route. Mais comprenez-vous bien comme
notre carrosse est mis de travers ? Nous ne sommes
jamais incommodés du soleil, il est sur notre tête,
le levant est à gauche, le couchant à droite, c'est
la cabane qui nous en défend. Nous parcourons
toute cette belle côte et nous voyons deux mille
objets différents qui passent incessamment devant

nos yeux comme autant de paysages nouveaux dont M. de Grignan serait charmé... »

De Saumur, le 11 mai 1680 :

« ...Nous arrivons ici ma très belle ; nous avons quitté Tours ce matin. Le bon abbé se porte fort bien ; il est charmé de cette route ; jamais on n'a fait ce voyage comme nous le faisons ; c'est dommage que nous ne soyons un peu moins solitaires. »

D'Ingrandes, dimanche au soir, 12 mai 1680 :

« ...Nous voici arrivés avec le même beau temps, la même apparence de rivière, et, je crois, les mêmes rossignols. Je ne m'accoutume point à la beauté de ce pays. »

De Nantes, le lundi 13 mai 1680 :

« ...Nous venons d'arriver dans cette ville si bien située ; je ne puis jamais passer au pied d'une certaine tour que je ne me souvienne de ce pauvre cardinal et de sa funeste mort, encore plus funeste que vous ne le sauriez penser... Nous voici donc chez M. d'Harouis, reçus et servis comme chez nous. »

L.'itinéraire de 1680 est donc le même que celui de 1675, mais les étapes diffèrent ; pas d'arrêt cette fois à Véretz, l'exil de l'abbé d'Effiat ayant prix fin et celui-ci ayant cédé ses droits au duc de Mazarin désormais seul propriétaire ; — aucune allusion au précédent séjour. Et cependant comment admettre que pendant ces longues heures de navigation monotone sa pensée ne se reporte pas vers le passé ?

« ...Qui m'ôterait la faculté de penser m'embarrasserait beaucoup, écrit-elle de Saumur à sa fille, surtout dans ce voyage. Je suis douze heures de suite dans ce carrosse si bien placé, si bien exposé ; j'en emploie quelques-unes à manger, à boire, à lire, beaucoup à regarder, admirer, et encore plus à rêver et à penser à vous. »

Voilà l'idée tyrannique, presque exclusive, penser à sa fille. Mais il n'est pas possible qu'elle soit restée insensible aux suggestions de la route. De même qu'elle sait admirer un beau paysage, elle ne peut rester indifférente à l'ambiance qui la baigne sur les bords de la Loire ; non seulement l'ambiance historique par ces châteaux célèbres qu'on aperçoit sur les coteaux, Blois, Chaumont, Amboise, Langeais, mais aussi par les réminiscences personnelles que certains d'entre eux ne peuvent manquer d'éveiller en elle.

Voici par exemple, quelques lieues après Tours, le château de Cinq-Mars se profilant sur la droite, avec ses deux tours féodales que l'aventure d'Henri d'Effiat a rendu si tristement fameux.

Voici Langeais qu'une des filles du duc de Mazarin apporta en dot au marquis de Bellefons; voici Rigny-Ussé, une des plus belles résidences de Touraine, où La Rochefoucauld est venu en visite chez Mme de Valentiney. (Lettre de Mme de Sévigné du 7 octobre 1676).

Voici enfin Saumur, où ce même duc de La Rochefoucauld a joué un rôle si ridicule, au temps de sa jeunesse.

C'est un des incidents les plus déconcertants de la Fronde, si fertile en histoires burlesques. Il est rapporté tout au long par le moraliste dans ses Mémoires, bien qu'il ne soit pas à son honneur. Il vaut la peine qu'on s'y arrête un instant.

Saumur était une place importante que les partis se disputaient. La Cour venait d'en nommer gouverneur M. de Guitaut, pour le récompenser d'avoir arrêté de sa main le prince de Condé. Mais l'officier qui commandait provisoirement le château, un gentilhomme nommé Du Mont, décidé à ne pas remettre la place au nouveau gouverneur, fit proposer à La Rochefoucauld de la lui livrer, s'il se présentait avec des forces suffisantes. Du Mont, pour gagner du temps, aurait négocié avec Guitaut et il aurait simulé une reddition, au moment où La Rochefoucauld se serait présenté avec ses troupes.

Pour que le plan réussît, il fallait aller vite et devancer, si possible, l'entrée à Saumur de M. de Comminges, neveu de M. de Guitaut, qui arrivait avec un parti de deux mille hommes afin de prendre possession de la ville au nom de son oncle. Or, La Rochefoucauld venait de perdre son père et était à Verteuil pour les obsèques.

Sans se laisser arrêter par le chagrin ou par les convenances, il profita de la réunion à Verteuil de toute la noblesse de la contrée pour lui exposer son projet et l'entraîner dans l'aventure. Il ne se sentait pas, expliqua-t-il, en sécurité dans ses terres ; on lui offrait une retraite sûre dans une place voisine; l'appui de ses amis devait décider du succès.

Parmi ces gentilshommes venus en habits de deuil, afin d'assister à des funérailles, il y eut des hésitations, des défections : prudence politique ou pudeur en présence d'un cadavre ? On ne sait.

Sept cents partisans s'engagèrent cependant à suivre le duc. On alla vers Saumur. Mais, en route, on apprit qu'un autre groupe ami, venu d'ailleurs, ne serait pas au rendez-vous ; on apprit aussi que, par une singulière malchance, par trahison peut-être, la place de Saumur avait déjà capitulé et était entre les mains du représentant de la Cour. La nouvelle démoralisa et dispersa cette colonne de factieux ; chacun rentra chez soi. La Rochefoucauld regagna Verteuil, d'où il s'éloigna, après un court séjour, pour se retirer à Turenne, chez le duc de Bouillon.

Aventure sinistre et bouffonne, tout à la fois ; inexplicable au surplus, de la part d'un homme tel que La Rochefaucauld. Seuls, l'aveuglement politique ou la passion du duc de La Rochefaucauld pour la duchesse de Longueville peuvent expliquer une semblable aberration. Pensait-il plus tard à cette monstrueuse erreur de jeunesse lorsqu'il traçait une de ses maximes :

Il s'en faut bien que nous connaissions tout ce que nos passions nous font faire.

L'homme croit souvent se conduire lorsqu'il est conduit ; et pendant que son esprit tend à son but, son cœur l'entraîne insensiblement vers un autre.

Avant d'arriver à cette maîtrise de pensée, La Rochefoucauld a commis bien des fautes.

Sainte-Beuve qui l'aime et le défend contre Victor Cousin, chevalier convaincu de Mme de Longueville, le juge avec sa lucidité habituelle : « Sa conduite pendant la Fronde, on peut l'affirmer, en général, n'a rien de beau. »

On ne saurait trouver meilleure conclusion.

*
* *

Les souvenirs évoqués à Nantes par l'évasion du cardinal de Retz avaient un côté aventureux et comique moins troublant. C'est au coadjuteur lui-même qu'il faut en demander le récit, bien que ses Mémoires ne soient exempts ni de suffisance ni d'exagération.

Mais c'est peut-être ce grain de gasconnade et de complaisance envers lui-même qui leur donne par endroits tant de vie. On peut l'avouer sans honte, si ces intrigues de la Fronde, si compliquées et, somme toute, si dénuées d'intérêt pour nous, n'étaient pas assaisonnées parfois d'un hors-d'œuvre piquant, la lecture des Mémoires de l'époque, même de ceux d'écrivains du plus grand talent, serait singulièrement rebutante.

Donc Retz, prisonnier d'Etat, d'abord incarcéré à Vincennes, a été transféré à Nantes, sous la garde du maréchal de la Meilleraye. Il jouit dans sa prison d'une liberté relative, y recevant des dames, y prenant tous les divertissements possibles et ayant notamment presque tous les soirs la comédie.

« Toutes les dames s'y trouvaient, dit-il; elles y soupaient souvent. Madame de la Vergne, qui avait épousé en secondes noces M. le chevalier de Sévigné (Renaud de Sévigné) et qui demeurait en Anjou avec son mari, m'y vint voir et y amena mademoiselle sa fille, qui est présentement Mme de Lafayette. Elle était fort jolie et fort aimable et elle avait de plus beaucoup d'air de Mme de Lesdiguières. Elle me plut beaucoup, et la vérité est que je ne lui plus guère, soit qu'elle n'eut pas d'inclination pour moi, soit que la défiance que sa mère et son beau-père lui avaient donnée dès Paris même, avec application de mes inconstances et de mes différentes amours, la missent en garde contre moi. Je me consolai de sa cruauté avec la facilité qui m'est assez naturelle et la liberté que M. le maréchal de la Meilleraye me laissait avec les dames de la ville, qui, étant à la vérité très entière, m'était d'un fort grand soulagement. »

Cependant, malgré ce régime acceptable, Retz craignant, d'après certaines indications à lui parvenues, d'être transféré à Brest et brûlant de se mêler de nouveau aux intrigues de la capitale, résolut de s'évader. La mort de son oncle venait de rendre vacant l'archevêché de Paris : il s'agissait avec l'appui du clergé de prendre rapidement possession du siège, pour lequel son titre de coadjuteur le désignait de plein droit, et de mettre ainsi Mazarin et la cour devant le fait accompli.

Le duc de Brissac venait souvent le voir dans

sa prison. Beau-frère du duc de la Meilleraye, il pénétrait dans le château en grand équipage et suivi de ses bagages. On pouvait profiter de cette circonstance pour établir un plan d'évasion, et déjà des ordres avaient été donnés en vue d'ajuster sur un mulet une sorte de coffre, spécialement préparé, dans lequel le cardinal se serait dissimulé, lorsque le duc de Brissac, pris de scrupules, refusa d'abuser aussi ouvertement de la liberté que lui laissait le duc de la Meilleraye. La duchesse de Retz informée des hésitations du duc de Brissac proposa de favoriser l'évasion du prisonnier en le cachant dans son carrosse, sous les habits d'une de ses suivantes, qui sortaient toujours masquées comme elle, sans qu'on les examinât jamais à la porte du château. On ne donna pas suite davantage à ce projet, parce qu'on ne put obtenir le consentement du duc de Retz.

Finalement on se rallia à un moyen plus hardi, préconisé par Guy Joli. Les mémoires de ce dernier exposent en détail le plan imaginé et complètent, en la rectifiant parfois, la version donnée par Retz lui-même.

Il s'agissait de descendre jusqu'à la rivière, en plein jour, le cardinal assis sur une escarpolette au moyen d'une corde qu'on devait faire glisser le long d'une tour jusqu'à la terre ferme, au bord de la rivière. Les eaux n'étaient pas hautes en cette saison, le bastion était à découvert, dans sa partie inférieure; de là on pouvait facilement gagner un abreuvoir, où des chevaux et une escorte auraient été préalablement envoyés. De nombreuses complicités étaient nécessaires pour la réalisation de ce plan.

On chargea le duc de Brissac de tout ce qui concernait l'extérieur; c'est ainsi qu'il s'engagea à fournir les chevaux, des cavaliers sûrs et des barques pour traverser la Loire, et à préparer les étapes du fugitif. Dans la prison il fallait s'adresser à des hommes de confiance, et déterminer le rôle de chacun d'une manière précise. On fit d'abord venir de Paris l'abbé Rousseau, frère de l'intendant du cardinal, vigoureux gaillard « très capable de bien accomplir ce à quoi on voulait l'employer ». L'abbé s'étant procuré une corde, une sangle et un solide morceau de bois, dissimulant le tout sous son manteau, se rendit au château. On lui adjoignit un certain Vacherot, médecin attaché depuis longtemps à la personne du cardinal, « homme résolu, de sang-froid, capable de tempérer par sa prudence et sa sagesse l'emportement et la vivacité de l'abbé Rousseau ».

On mit dans la confidence d'autres comparses, au nombre de six, et, parmi eux, un prêtre écossais, d'un caractère timoré, qui faillit tout compromettre à la dernière minute en représentant au cardinal les dangers auxquels il s'exposait. Mais les choses étaient trop avancées pour reculer ; le cardinal sortit sur sa terrasse, tandis que deux de ses hommes offraient à boire aux soldats, et il gagna rapidement un créneau près duquel Rousseau et Vacherot l'attendaient.

Retz avait remarqué que la garde chargée de le surveiller se bornait à le suivre des yeux, de la partie supérieure d'une tour, lorsqu'il se promenait dans un petit jardin où il avait libre accès. Une porte à claire-voie séparait ce jardin de la terrasse où se tenaient les gardes. La surveillance était donc discrète et nullement importune. Retz ayant quitté sa simarre rouge la plaça sur un bâton entre deux créneaux, de manière à donner

aux soldats l'illusion qu'il regardait, comme chaque jour, les promeneurs de la Motte Saint-Pierre.

Les sentinelles étaient d'ailleurs distraites, au
même moment, par un jacobin qui se baignait
dans la Loire et qui fut. pendant quelques instants, en danger de se noyer. Ces diverses circonstances, et quelques verres de vin adroitement
distribués, relâchèrent encore la surveillance et
permirent au prisonnier de se confier hardiment
à ses deux complices, Rousseau et Vacherot. Le
cardinal s'assit sur l'escarpolette, assujettit solidement la sangle et se laissa glisser au dehors.

Cependant un homme de garde, rappelé a la
réalité, aperçut tout à coup le prisonnier suspendu
à une corde le long du bastion; il se disposait à
faire feu. lorsque Retz, avec un aplomb et une
présence d'esprit qui l'avaient déjà sauvé en d'autres conjonctures, lui cria qu'il le ferait pendre
s'il tirait; et l'homme, décontenancé, hésita.

Le soldat avoua dans la suite. qu'en présence
de tant d'audace, il avait cru le prisonnier d'accord avec le maréchal de la Meilleraye.

Telle est du moins l'explication donnée par le
cardinal, toujours un peu hâbleur. N'est-ce pas

le cas de rappeler que lors de la journée des barricades, au début de la Fronde, il se tira d'un aussi mauvais pas par un mot heureux. Pris dans un remous, piétiné par la foule, il allait être frappé à terre par un malandrin, lorsqu'il lui cria : « Malheureux ! si ton père te voyait ! » ce qui fit lâcher prise au misérable.

Mais revenons à notre prisonnier, suspendu entre ciel et terre, à la merci d'une défaillance de l'un de ses complices. L'abbé Rousseau et le médecin Vacherot remplissent cependant leur mission avec succès : le précieux fardeau arrive à terre sans encombre. Et voilà que la maladresse d'un imbécile manqua de tout compromettre à la dernière minute.

Un certain Paris avait été placé dans une prairie, en face, avec la consigne de jeter trois fois son chapeau en l'air, lorsqu'il verrait le cardinal prêt à descendre, afin d'avertir ainsi les cavaliers, dissimulés non loin de là, de se tenir prêts. L'émotion de Paris fut telle en apercevant un Prince de l'Eglise dans une position si périlleuse qu'il se sauva sans avoir fait le signal convenu. Le valet de Joli et celui de Rousseau, heureusement moins impressionnables, qui suivaient de loin la scène, s'avancèrent au moment opportun et dégagèrent rapidement le cardinal pour le hisser à cheval un peu plus loin.

Ici, d'après les témoignages de Joli, Retz eut une défaillance et nous l'apercevons dans une posture un peu moins avantageuse que celle qu'il se donne adroitement dans ses mémoires. « Son trouble était si grand qu'il ne savait où il était, ni ce qu'il faisait, ce qui fit que son cheval, qui était trop vigoureux pour lui et dont il ne tenait même pas la bride, s'étant cabré, s'abattit sur le pavé. » Le cavalier se trouva engagé sous sa monture et eut l'épaule démise. On le remonta de nouveau tant bien que mal sur le cheval, mais il ne revenait pas de son trouble « qui alla si loin qu'en sortant du faubourg, il pensa se casser la tête à un endroit où le cheval l'emportait, si un de ses gens ne se fût mis entre eux deux. »

On comprend, au surplus, l'émotion du fugitif, accrue encore par la douleur. Il resta sous cette impression pendant les quatre premières lieues et ne commença d'ouvrir la bouche que lorsqu'il rencontra le duc de Brissac et le chevalier Renaud de Sévigné qui l'attendaient avec une barque, à l'endroit convenu.

La suite des événements nous entraînerait trop loin; qu'on veuille bien se rappeler seulement que le cardinal passa alors sur les terres du duc de Brissac, qu'il s'y cacha d'abord dans une meule de foin, pour échapper aux recherches du maréchal de la Meilleraye, et qu'après un court séjour à Beaupréau et à Machecoul il se décida à partir pour Belle-Ile. Son odyssée en mer, à travers l'Espagne, les Iles-Baléares, la Méditerrannée, la Corse, son arrivée à Rome, à la veille d'un conclave, tout cela constitue un récit des plus mouvementés et des plus pittoresques; c'est certainement une des parties les plus agréables des Mémoires du Cardinal et de ceux de Joli. On leur fera plus loin quelques emprunts encore, lorsque notre vagabondage littéraire nous aura entraînés à Rome, à la suite du duc de Chaulnes, lors des conclaves de 1667, de 1670 et de 1689.

*
* *

On conçoit, dès lors, qu'en débarquant au pied du vieux château au même endroit par où « se sauva notre Cardinal » Mme de Sévigné ne pût se soustraire à certains souvenirs et à des émotions rétrospectives. Les temps étaient alors devenus plus calmes, et M. de Lavardin en la recevant, entouré des nobles de la province avec une escorte éclairée par des flambeaux, l'accueillait en grand seigneur, uniquement soucieux de lui faire fête.

« Il est impossible, écrit-elle le 24 septembre 1675, de rien ajouter aux honnêtetés, aux confiances et aux extrêmes considérations de M. de Lavardin pour moi. »

Du château de Nantes, elle se rend chez M. d'Harouis, son ami, qui la reçoit d'abord en son hôtel et la conduit ensuite à sa terre de la Sille-raye, d'où elle a daté la lettre du 24 septembre 1675.

D'Harouys, trésorier des Etats de Bretagne, avait épousé Madeleine de Coulanges ; cette alliance rapprocha les familles de Sévigné et d'Harouys. C'était un financier léger et imprévoyant qui « s'embarquait à payer aux Etats cent

mille francs plus qu'il n'avait de fonds et trouvait
que cela ne valait pas la peine de le dire... »
(Lettre du 13 septembre 1671).

Il finit en prison comme Fouquet, à la Bastille,
où il mourut en 1699 après douze ans de captivité.

Mme de Sévigné dont le cœur était bien placé,
n'était pas de celles qui jettent la pierre à l'ami
malheureux ; elle le juge avec indulgence lorsque
la catastrophe se produit :

« La déroute de notre pauvre d'Harouys est
bien plus aisée à comprendre ; passionné de faire
plaisir à tout le monde, sans mesure, sans raison,
cette passion offusquant toutes les autres et même
la justice. »

A Nantes Mme de Sévigné est reçue et choyée
par toutes les autorités. Le Premier Président et
sa femme la convient à souper. Comment ne pas
noter au passage, ce charmant et incisif portrait :

« Il faut que je vous conte ce que c'est que ce
Premier Président ; vous croyez que c'est une barbe
sale et un vieux fleuve comme votre Ragusse ; point
du tout ; c'est un jeune homme de vingt-sept ans,
neveu de M. d'Harouys ; un petit de la Bunelaye,

fort joli, qui a été élevé avec le petit de la Scille-
raye, que j'ai vu mille fois, sans jamais imaginer
que ce pût être un magistrat ; cependant il l'est
devenu par son crédit, et moyennant quarante
mille francs, il a acheté toute l'expérience nécessaire pour être à la tête d'une compagnie souve-
raine, qui est la chambre des comptes de Nantes ;
il a, de plus épousé une fille que je connais fort,
que j'ai vue pendant cinq semaines tous les jours
aux Etats de Vitré, de sorte que ce Premier Président et cette Première Présidente sont pour moi
un jeune petit garçon que je ne puis respecter et
une jeune petite demoiselle que je ne puis honorer.
Ils sont revenus pour moi de la campagne où ils
étaient ; ils ne me quittent point ».

*
* *

Toutes ces réjouissances n'empêchent pas Mme
de Sévigné de se replier sur elle-même et de songer
au défaut capital de ses deux enfants, la prodi-
galité. On trouve trace de cette préoccupation
dans les lettres écrites de Nantes en 1680. N'a-t-
elle pas d'ailleurs mûrement réfléchi aux difficultés

de la famille pendant cette navigation monotone
sur la Loire, aux côtés de l'abbé de Coulanges,
esprit terre à terre, mais pratique, dont le contact
ramenait forcément l'esprit de la mère sur les
dépenses folles des deux enfants.

« Je fus hier au Buron, j'en revins le soir ; je
pensai pleurer en voyant la dégradation de cette
terre ; il y avait les plus vieux bois du monde ;
mon fils, dans son dernier voyage, y a fait donner
les derniers coups de cognée. Il a encore voulu
vendre un petit bouquet qui faisait une assez
grande beauté ; tout cela est pitoyable ; il m'a
rapporté quatre cents pistoles, dont il n'eut pas
un sou un mois après. Il est impossible de comprendre ce qu'il a fait, ni ce que son voyage de
Bretagne lui a coûté, quoiqu'il eût renvoyé ses
laquais et son cocher à Paris... Il trouve l'invention
de dépenses sans paraître, de perdre sans jouer,
et de payer sans s'acquitter ; toujours une soif et
un besoin d'argent, en paix comme en guerre ;
c'est un abîme de je ne sais quoi, car il n'a aucune
fantaisie ; mais sa main est un creuset où l'argent
se fond. »

Voici maintenant une semonce par Mme de Grignan :

« ...La vie est ici à fort bon marché ; si c'était la même chose à Aix, vous n'auriez pas tant dépensé l'hiver dernier ; c'est encore une belle circonstance que tout y soit comme à Paris ; voilà une heureuse ressemblance. Vous avez raison de trouver plaisant qu'en blâmant l'excès de votre dépense on trouve à dire sur la frugalité de vos repas ; vous avez très bien fait de ne pas les augmenter. Vous avez un si grand air que vous trompez les yeux, car votre intendant jure qu'on ne peut pas faire une meilleure chère, ni plus grande, ni plus polie.

C'est une chose étrange que cinquante domestiques, nous avons eu peine à les compter. Pour Grignan, je ne comprends jamais comment vous y pouvez souhaiter d'autre monde que votre famille.

Vous savez bien que quand nous étions seules nous étions cent dans votre château ; je trouvais que c'était assez. Il ne faut pas croire que l'excès du monde ne vous ôte pas la douceur et le soulagement du bon marché et des provisions ; c'est une

chose que vous n'avez jamais voulu comprendre ;
mais votre arithmétique, en vous faisant doubler
par quatre le nombre de vos bouches, vous les fait
trouver aussi chères qu'à Paris. Donnez à tout
cela, ma fille, quelques moments de réflexion... »

Doléances maternelles hélas ! trop justifiées,
qui prouvent que Mme de Sévigné n'était pas
aveugle et conservait, quoi qu'on en ait dit, la
même clairvoyance pour juger parfois sa fille et
son fils.

En septembre 1684, la marquise se rend de
nouveau aux Rochers par la Loire, toujours
accompagnée de son oncle. Elle date une de ses
lettres d'Etampes, une autre d'Amboise, deux de
Saumur et d'Angers. Elle ne s'est pas arrêtée à
Tours, pour éviter les festins et les honnêtetés de
Dangeau, qui est gouverneur de la province ; elle
a voulu surtout soustraire le Bien Bon à des fatigues inutiles. Elle a pour le pays la même admiration ; « la beauté de cette rivière fait ma prin-
cipale occupation ». Et pourtant la pacifique Loire
est devenue dangereuse à Amboise, où les voyageurs ont essuyé un petit orage qui les a obligés

à chercher un refuge contre le rivage. Le carrosse est orienté d'une autre façon cette fois ; il tourne le dos ; les passagers sont donc à reculons, sans doute pour éviter le vent.

On navigue quatorze à quinze heures par jour, et l'on attend les repas comme une chose considérable dans la journée. Toutes les dispositions sont prises pour que les menus soient agréables.

« ...Nous mangeons chaud et nos terrines ne cèdent point à celles de M. de Coulanges. »

Aux Ponts de Cé un carrosse à six chevaux les attendait : c'était celui de Charles de Sévigné. — Charles malade, n'avait pu quitter les Rochers, mais il avait envoyé au devant de sa mère l'abbé Charrier.

Mme de Sévigné passe un jour à Angers et dîne chez l'évêque Henri Arnauld. Ce prélat, âgé de quatre-vingt-sept ans, a conservé toute sa vivacité d'esprit. « C'est un prodige, dit-elle », et elle prend d'autant plus de plaisir à l'entretien qu'elle retrouve en lui toutes les qualités brillantes des Arnauld.

C'était le frère cadet d'Arnauld d'Andilly. Tallement des Réaux oppose le caractère froid et prudent de l'évêque au tempérament bouillant de M. d'Andilly. En réalité, le prélat sut éviter, dans la crise du jansénisme, les soupçons que son nom pouvait faire naître. On lui reconnaissait d'ailleurs l'habileté d'un diplomate : « Il a de l'esprit et du sens, dit encore Tallement, et est fort propre aux négociations ». Aussi dans sa jeunesse, avait-il été chargé à plusieurs reprises de missions à Rome et auprès de petites Cours d'Italie. Il avait accompagné tout jeune à Rome le cardinal Bentivoglio. On l'y retrouve seul en 1646, ayant pour mission d'affirmer le maintien de la protection de la France aux Barberini, qu'Innocent X persécutait alors. Plus tard, abbé de Saint-Nicolas, il devint évêque d'Angers, où il vécut jusqu'en 1692, c'est-à-dire sept années encore après la visite de Mme de Sévigné. Ce vénérable prélat atteignit ainsi l'âge de quatre-vingt-quinze ans.

D'Angers, Mme de Sévigné gagna cette année-là directement les Rochers sans faire le détour habituel par Nantes.

VI

Chaulnes et Pecquigny

VI

Chaulnes et Pecquigny

Voici maintenant un itinéraire inattendu pour
gagner la Bretagne : en avril 1689 Mme de Sévigné s'en va par Chaulnes, Rouen, Pont-Audemer,
Caen et arrive à Rennes après avoir traversé
Avranches et Dol. C'est que son amie la duchesse
de Chaulnes l'a entraînée à sa suite dans ses terres
de Picardie et l'a obligée à faire avec elle l'école
buissonnière à Chaulnes et à Pecquigny, domaines
de son mari. Le duc et la duchesse de Chaulnes
tiennent une grande place dans la correspondance
de la marquise; ils font partie, pour ainsi dire, de
sa vie bretonne. L'intimité entre la châtelaine des
Rochers et le gouverneur de Bretagne s'est vite
établie, et, sauf un petit nuage lorsque Charles
n'a pas été désigné comme député des Etats, on
peut dire que pendant une période de vingt-cinq

ans, la confiance, l'affection même, et la plus
délicate, ont régné dans les rapports des deux
familles.

Et voyez comme Mme de Sévigné devait être en
voyage une compagne facile, s'accommodant de
tout, disposée à voir toujours le bon côté des
choses; c'est un trait de son caractère. déjà noté,
qui se retrouve ici, comme sur la Loire, comme à
Malicorne.

« ...Je partis donc jeudi, ma très chère, avec
Mme de Chaulnes et Mme de Kerman; nous étions
dans le meilleur carrosse, avec les meilleurs chevaux, la plus grande quantité d'équipages, de
fourgons, de cavaliers, de commodités, de précautions que l'on puisse imaginer.

Nous vinmes coucher à Pont (Sainte-Maxence)
dans une jolie petite hôtellerie, et le lendemain
ici. Les chemins sont fort mauvais, mais cette
maison est très belle et d'un grand air, quoique
démeublée et les jardins négligés. A peine le vert
veut-il montrer le nez; pas un rossignol encore :
enfin l'hiver le 17 avril. »

Remarquez qu'elle a dépassé la soixantaine, qu'elle aurait le droit par conséquent de parler de ses aises, de ses petites manies. Epicurienne, avons-nous dit; certes oui, mais avec raffinement et la distinction naturelle de son esprit. On sent que malgré les mauvais chemins, malgré la saison tardive, elle conserve tout son enjouement : les heures qui passent sont bonnes, la chère sera fine; la duchesse est une amie attentive; laissons-nous gagner par la douceur de vivre.

Telle est sur les chemins l'humeur de Mme de Sévigné. Ah, l'exquise compagne de route ! C'est une optimiste charmante mettant dans son jeu les plaisirs de la table, ceux de la conversation, et la nature elle-même. Tenez, ce petit rossignol, qui n'a l'air de rien, c'est le même que celui des bords de la Loire; c'est aussi le confident des bois de Livry, où « il ouvre chaque année le printemps ». C'est un ami fidèle qu'elle n'oublie pas, et qui revient sans cesse dans cette musique pimpante qu'est la prose de Mme de Sévigné; il y jette par moments sa note cristalline, comme un leit motiv, - pourrait-on dire, si le mot sentait davantage notre terroir et n'évoquait pas des sonorités d'autre origine, plus bruyantes, moins délicates ; moins françaises en un mot.

*
**

Mais le temps devient plus favorable et lorsque l'on quitte Chaulnes pour se rendre à Amiens et à Pecquigny. c'est à regret qu'on s'en éloigne. « C'est dommage de quitter un lieu si beau, si charmant ». Ainsi débute la lettre du 22 avril 1689. On peut y noter, en passant, une observation judicieuse sur la résistance au progrès dans tous les temps : « Nous avons vu les machines de M. de Chaulnes. elles sont admirables et d'une simplicité sublime. On voit cinq gros jets d'eau dans ce parterre et ces boulingrins, un abreuvoir qui est un petit canal, des fontaines à l'office, à la cuisine, à la lessive. et autrefois il n'y avait pas de quoi boire. Louez le un peu de son courage. car tout ce pays se moquait de lui : il a fait vingt allées au travers des choux dans un jeune bois, qu'on ne regardait pas. qui font une beauté achevée ».

Les lettres suivantes nous transportent à Pecquigny. Qu'est-ce que Pecquigny ? « C'est un château où tout l'orgueil de l'héritière de Pecquigny est étalé. C'est un vieux bâtiment élevé au-dessus de la ville, comme Grignan ; un parfaitement beau chapitre comme à Grignan ; un doyen, douze chanoines ; je ne sais si la fondation est aussi belle, mais ce sont des terrasses sur la rivière de Somme qui fait cent tours dans les prairies ; voilà ce qui n'est point à Grignan ».

On serait insuffisamment renseigné sur les lieux et les gens, si on s'en tenait là. Soyons donc un peu plus curieux et remontons, comme disent les notaires, aux titres de propriété.

Le duc de Chaulnes est le troisième fils d'Honoré d'Albert, sieur de Cadenet, puis duc et maréchal de Chaulnes. Rien n'est ingrat comme de présenter des personnages qui abandonnent ou modifient leur nom patronymique, lorsque la faveur royale leur accorde de nouveaux titres ou lorsque des mariages avantageux leur apportent un nouveau blason. Essayons cependant de faire manœuvrer avec clarté quelques pièces de l'échiquier familial d'Honoré d'Albert, duc de Chaulnes.

Le chef de la famille est Charles d'Albert, devenu duc de Luynes, le favori de Louis XIII. Celui-ci avait deux frères ; tous trois, dit Tallement, étaient beaux garçons ; le second s'appelait Brante, et le troisième Cadenet. Brante mourut jeune. Cadenet avait la tête belle et portait une moustache d'une forme particulière que « de luy on a depuis appelée une cadenette ».

Leurs débuts furent modestes : c'étaient les fils d'un gentilhomme de Provence ou du Comtat d'Avignon peu fortuné. Ils passaient pour n'avoir qu'un bel habit, dont ils se servaient alternativement pour aller au Louvre. On prétendait aussi qu'ils n'avaient qu'un bidet, entendez qu'un seul cheval, toujours d'après l'auteur des Historiettes.

Ils firent tous de brillants mariages : l'aîné, le duc de Luynes, épousa Mlle de Montbazon, qui fut en secondes noces la fameuse duchesse de Chevreuse. Brante épousa la fille du prince de Tingry, et Cadenet, Claire-Charlotte d'Ailly et de Pecquigny, laquelle apporta en mariage le titre et la terre de Chaulnes. Le mari prit, suivant l'usage (c'était d'ailleurs une des conditions du contrat), le titre et les armes de Chaulnes. Le Comté ayant été érigé en Duché, Honoré d'Albert, seigneur de Cadenet, devint ainsi duc de Chaulnes. Il fut dans la suite maréchal de France. La chronique de l'époque désignait sa femme sous le nom de la Picarde. Fut-elle galante ?... Tallement se livre à son sujet à quelques insinuations. Le cardinal de Richelieu s'occupait d'elle, et comme, avec lui, il n'y avait pas de quartier, lorsqu'il courtisait une femme, les suppositions restent permises. Bassompierre et Guy Patin, moins discrets, attribuent au cardinal trois maîtresses, dans les années qui précédèrent sa mort :

Sa nièce, la duchesse d'Aiguillon ; la Picarde, femme de M. le maréchal de Chaulnes, et Marion Delorme ».

Quoi qu'il en soit, le duc et la duchesse, eurent trois fils : les deux aînés disparurent prématurément, et le titre passa à Charles d'Albert-d'Ailly, qui devint à son tour duc de Chaulnes et s'illustra comme gouverneur de Bretagne et ambassadeur extraordinaire à Rome ; c'est l'ami de Mme de Sévigné.

Sa femme, la bonne duchesse, était née Elisabeth Le Ferron, et avait épousé en premières noces le marquis de Saint-Mégrin, qui trouva la mort au combat du faubourg Saint-Antoine pendant la Fronde.

Mme de Sévigné ne tarit pas d'éloges sur Mme de Chaulnes. « Vous connaissez les bonnes et solides qualités de cette duchesse, écrit-elle le 19 avril 1689 ». C'était le ménage le plus uni. Saint-Simon en annonçant la mort de Mme de Chaulnes au début de l'année 1699 note qu'elle ne put survivre à son mari plus de quelques mois.

Moralement, ils avaient l'un et l'autre en effet les plus solides qualités ; ils étaient moins favorisés, au point de vue physique. Saint-Simon a tracé d'eux un portrait inoubliable ; c'est en quelques lignes, une présentation décisive :

« C'était, dit-il, en parlant du duc, sous la corpulence, l'épaisseur, la pesanteur d'un bœuf, l'esprit le plus délié, le plus délicat, le plus souple, le plus adroit à prendre et à pousser ses avantages, avec tout l'agrément et la finesse possible, jointe à une grande capacité et à une continuelle expérience de toutes sortes d'affaires, et la réputation de la plus exacte probité, décorée à l'extérieur d'une libéralité et d'une magnificence également splendide, placée et bien entendue, et de beaucoup de dignité avec beaucoup de politesse. »

On connaît effectivement de ces gros hommes, à l'apparence vulgaire, ayant, sous une enveloppe épaisse, l'esprit le plus fin, une habileté et une autorité qui s'imposent, réalisant ainsi un paradoxe de la nature, en donnant à la matière, généralement sans flamme et sans vie, tous les attributs de la grâce et de la distinction.

Quant à la duchesse, les traits n'en sont pas estompés, mais on sent que l'image est aussi criante de vérité :

« C'était, pour la figure extérieure, un soldat aux gardes, et même un peu Suisse habillé en femme ; elle en avait le ton et la voix, et des mots du bas peuple ; beaucoup de dignité, beaucoup d'amies, une politesse choisie, un sens et un désir d'obliger qui tenaient lieu d'esprit, sans jamais rien de déplacé ; une grande vertu, une libéralité naturelle et noble avec beaucoup de magnificence, et tout le maintien, les façons, l'état et la réalité d'une grande dame, en quelque lieu qu'elle se trouvât. »

Le moule de ces douairières au verbe cru n'est pas davantage perdu. On rencontre encore de ces grandes dames, qui ne dédaignent pas d'emprunter au langage populaire des expressions plus colorées et qui, cependant, sous une grande distinction d'allure, et même un physique ingrat, savent tenir leur rang et attirer les sympathies.

Tels étaient les châtelains de Chaulnes et de Pecquigny, à l'époque du séjour de Mme de Sévigné; tels étaient le Gouverneur et la « Gouvernante » de Bretagne que nous rencontrerons désormais souvent sur notre chemin.

Une lettre datée de Pont-Audemer, après un arrêt à Rouen, une autre de Caen, où Mme de Sévigné se réjouit du printemps charmant, de la ville, la plus avenante, la plus gaie, la mieux située; des prairies et des promenades qu'elle aperçoit, et nous voici à Dol le 9 mai 1689. En passant à Avranches elle a vu, de sa chambre, la mer et le Mont Saint-Michel ; c'est la dernière étape, on arrive à Rennes le 10 mai.

L'accueil y est chaleureux. Les notables sont venus au devant de Mme de Chaulnes, trente femmes qu'il fallut embrasser, malgré la poussière de la route et la chaleur, et trente ou quarante messieurs. Cette épreuve a beaucoup fatigué Mme de Kerman, qui est délicate. Mais la marquise, toujours solide et bienveillante, supporte le choc : « Pour moi, je soutiens tout sans incommodité ».

Toujours sa belle humeur !

VII

Rennes. — La Prévalaye

Rennes. — La Prévalaye.

Une petite difficulté allait se présenter à l'arrivée. Mme de Sévigné devait descendre chez Mme de Marbœuf ; or celle-ci faisait partie de la coterie du président Pontchartrain, avec lequel le gouverneur était en délicatesse. Il fallut manœuvrer de façon à calmer toutes les susceptibilités. Avec son adresse et sa netteté habituelles la marquise aborda l'obstacle et le franchit. « J'irai toujours mon chemin, je ne suis mal avec personne. » Huit jours après elle peut écrire à sa fille : « Je dîne dans un camp et je soupe dans l'autre ». Elle parvient même à réconcilier les deux parties. « M. et Mme de Chaulnes ont oublié le passé pour l'amour de moi et ont prié Mme de Marbœuf à manger ».

Avec Mme de Marbœuf, nous pénétrons dans une vieille famille parlementaire. Fixée en Bretagne au XVIe siècle, elle venait du Poitou ; elle donna au Parlement neuf conseillers ou présidents. L'amie de Mme de Sévigné était la veuve de Claude de Marbœuf. président à mortier, dont il n'est fait aucune mention particulière dans les annales du temps. A moins qu'on ne doive reconnaître en lui le fils d'un autre Claude de Marbœuf. également président à mortier, qui obtint au contraire, une célébrité bien personnelle cinquante ans plus tôt ; il eut en effet 32 enfants. et les voyageurs de qualité venaient lui rendre visite, à titre de curiosité, lorsqu'ils séjournaient à Rennes vers 1635. Telle est du moins l'indication fournie dans son itinéraire de Bretagne en 1636 par Dubuisson-Aubenay, qui ajoute que le mari était fort jeune et vert. et que la femme se portait assez bien. Devenu veuf en 1646 Claude convola en secondes noces à l'âge de 66 ans, en épousant la veuve du conseiller Hay. dont il n'eut, cette fois, aucun héritier.

Ces Marbœuf avaient le sang généreux et parfois un peu vif. Le président Claude, l'homme aux trente-deux enfants, était un adversaire peu commode ; il fut en conflit avec le premier pré-

sident Henri de Bourgneuf pendant une partie
de sa carrière. Un jour au Parlement, sa violence
et celle de son fils faillirent provoquer un scandale. Une contestation s'étant élevée entre Claude,
le père, et deux autres conseillers, on en vint
aux gros mots. Le président Claude se lève et
va vers son contradicteur, qui s'est borné à déclarer : « Si j'étais aussi impudent que vous, je vous
répondrais ». On intervient et l'orage va se calmer lorsqu'un maladroit ajoute qu'un honnête
homme et un gentilhomme ne peut réparer une
telle affaire que par un soufflet. Alors Claude
de Marbœuf, fils du président, qui est assis au
banc des enquêtes derrière son père, bondit : « Si
vous le faisiez, hurle-t-il en jurant, je vous don-
nerais cent coups de bâton ».

On dut s'interposer et les mener dans des ga-
leries voisines pour les calmer.

*
* *

Le nom de Mme de Marbœuf revient souvent
dans la correspondance de Mme de Sévigné, non
seulement dans les lettres datées de Bretagne mais

9

dans celles datées de Paris et de Livry. C'est une amie fidèle, « une femme au cœur noble et sincère ». (Lettre du 23 octobre 1675); « une très bonne et généreuse femme qui sait aimer ». « Qui adore Mme de Grignan » (27 novembre 1675); la marquise en parle avec une telle familiarité qu'elle écrit en mars 1690 : « La Marbœuf m'attend avec transport ».

Le 15 novembre 1684, elle avait dit dans un moment de lassitude : « Mme de Marbœuf est arrivée (aux Rochers) : elle est tout à fait bonne femme ; mais, ma bonne, ne croyez pas que je ne m'en passasse fort bien. La liberté m'est plus agréable que cette sorte de compagnie : je la mettrai à mon point : il faut des heures à soi ».

Autrement dit : C'est une fidèle amie, dont j'apprécie le dévouement, la sûreté ; mais elle est un peu terne, elle est de celles avec lesquelles on ne se gêne pas. Et quand elle m'ennuiera, je ne me ferai aucun scrupule de la laisser seule.

Ces quelques touches recueillies çà et là, fixent ainsi la physionomie de Mme de Marbœuf. Par ailleurs elle devait avoir du goût ; car « elle a fait ajuster sa maison et ses meubles si proprement, et tout cela d'un si bon air et d'un si bon cœur qu'elle mérite toutes sortes de louanges ». (Lettre du 16 août 1680).

L'hôtel de Marbœuf existe encore aujourd'hui : c'est même une des rares demeures d'autrefois qui soit restée à peu près intacte.

C'est un grand corps de logis à un étage, surmonté de mansardes, et renforcé de deux ailes aux extrémités, sans grand caractère, à la vérité, que l'on voit au coin de la rue des Fossés et de la rue de Fougères, près de la Préfecture. Au XVIIe siècle, cet hôtel était en dehors de l'enceinte et voisinait avec l'abbaye de Saint-Melaine, qui dominait la ville. De la façade bien orientée, on apercevait à sa gauche le jardin du Thabor, et sur la droite, l'abbaye de Saint-Georges se développant à mi côte au-dessus du cours de la Vilaine, alors non canalisée.

Ce logis avait un grand mérite en tant que résidence urbaine, c'est qu'il n'était pas gêné par les servitudes du voisinage, et qu'il recevait largement l'air et la lumière, chose rare à l'époque.

On remarque, à certaines fenêtres du premier étage, des balcons en fer forgé ayant deux épées croisées, la pointe en bas ; ce sont les armes de la famille de Marbœuf.

L'hôtel passa plus tard dans la famille de Caradeuc de La Chalotais ; c'est là que le fameux procureur général qui eut des démêlés retentissants avec le duc d'Aiguillon fut arrêté en 1765 ; c'est là également qu'il mourut en 1785.

***

La résidence du duc de Chaulnes était située dans une toute autre partie de la ville, rue des Dames, non loin de la cathédrale.

On respire encore dans ce vieux quartier, qui n'a pas été atteint par le terrible incendie de 1720, l'atmosphère d'autrefois. La vie moderne n'y a pas pénétré : pas de magasins, une circulation restreinte ; de rares piétons passant discrètement et allant à pas feutrés à leurs affaires ; à droite et à gauche, quelques beaux portails et d'anciens hôtels ayant échappé au vandalisme destructeur. Les rues sont étroites, sans trottoirs ; on peut, avec un peu d'imagination, revoir les manants se rangeant contre les bornes pour laisser passer le carrosse du gouverneur. C'est là, en effet, au numéro 13 de la rue des Dames, que la Communauté de la Ville avait loué, en 1676, l'hôtel Champion de Cicé pour y installer le premier personnage de la province. Avant cette date, le duc de Chaulnes avait été provisoirement logé au manoir épiscopal, vieille construction voisine de la cathédrale, qui a disparu, dès la fin du XVIIIe siècle, pour permettre des opérations de voirie, sur l'emplacement actuel de la rue de la Monnaie.

L'ancien hôtel Champion de Cicé, aujourd'hui hôtel de Coniac, est situé à un coude de la rue des Dames ; il a subi des transformations, des mutilations, surtout sur la façade Ouest, regardant la Vilaine, qui est de la plus déplorable banalité au-dessus de la place de la Mission. L'entrée par la rue des Dames a conservé, au contraire, un certain caractère, à cause de l'ambiance du voisinage, d'une tourelle carrée, flanquant, à droite, la façade Nord, et de l'aspect général de la construction.

*
* *

Le duc de Chaulnes exerça les fonctions de gouverneur de Bretagne pendant vingt-cinq années. Ses débuts furent heureux. Il remplaçait comme lieutenant général, en 1669, le duc de Mazarin, fils du maréchal de la Meilleraie, qui n'avait exercé ce commandement que peu de temps. Nous retrouvons ici dans ce duc de Mazarin le propriétaire du château de Véretz, et, dans le maréchal de la Meilleraie, le gouverneur du château de Nantes à l'époque de l'évasion du cardinal de Retz. Ils n'avaient, l'un et l'autre, que la charge de lieutenant général, le gouvernement de Bretagne ayant été maintenu, comme titre honorifique, à la reine Anne d'Autriche. Dès l'année 1670, c'est-à-dire un an après son installation à Rennes, le duc de Chaulnes fut nommé gouverneur titulaire, Colbert et le monarque voulant avoir dans la province non plus seulement un représentant d'apparat, mais un délégué y acquérant une influence et une autorité incontestées.

Or le duc de Chaulnes, dès son arrivée comme lieutenant général, avait su trouver les mots et les gestes qui portent ; il gagna aussitôt la confiance des Bretons. En 1672 il fait une tournée générale de Nantes à Brest et Saint-Malo pour s'enquérir sur place des besoins des populations, ce qui ne s'était jamais vu. C'est un homme qui sait son métier et qui remplace avantageusement les grands seigneurs distants ou les fantoches de cour.

Aussi pour les Etats généraux de Vitré en 1673 est-il rappelé de Cologne, où il était momentanément en mission, car il est devenu le personnage indispensable.

Le duc fut malheureusement aux prises quelques années plus tard avec des difficultés qu'il n'avait pas créées. Colbert, poursuivant sa politique de centralisation et d'unification, venait d'imposer de nouvelles taxes dont la Bretagne pouvait se croire affranchie en vertu d'anciens privilèges. Il s'agissait de procurer au Trésor des ressources par le papier timbré, le tabac, et la marque de l'étain. Le conflit s'engagea sur un malentendu. Les Etats crurent avoir racheté le maintien des privilèges de la province par une transaction intervenue en 1673. Mais le Ministre, logique avec son système, et peut-être sans une bonne foi absolue, déclara que les taxes nouvelles, visant des produits qui n'avaient jamais été atteints par la législation précédente, ne pouvaient être considérées comme étant comprises dans l'accord invoqué.

Bref, la révolte éclata, et le duc dut recourir aux mesures énergiques. Son rôle, comme représentant du pouvoir, lui imposa une répression sanglante. Sa popularité y sombra. Il devint, pour la populace, « le gros cochon » ; et la duchesse de Chaulnes elle-même ne fut pas épargnée par les manifestations de la rue. Un jour que son carrosse traverse la rue Haute, aujourd'hui la rue de Saint-Malo, les commères du quartier jettent sur ses genoux un chat crevé. Les lettres de Mme de Sévigné, de l'année 1675, nous font connaître les diverses phases du drame. C'est à cette occasion qu'on a pu reprocher à la marquise, ordinairement mieux inspirée, son insensibilité et son ton de persiflage, cruel dans la circonstance. Il vaut mieux ne pas insister. D'ailleurs, elle qui était foncièrement bonne, et qui, si souvent, sut montrer tant d'attachement à « ses Bretons » semble avoir été dominée, dans ce conflit, par son amitié pour le duc et la duchesse de Chaulnes, par son goût de la régularité et son horreur du désordre.

Ces tristes événements créèrent au gouverneur

bien des inimitiés. Finie la lune de miel avec la province. Il sut pourtant, ayant du tact et de la générosité, remonter le courant, puisqu'en définitive il put se maintenir si longtemps dans son gouvernement. Mais un ressentiment profond resta dans bien des cœurs et s'il ne se manifesta plus c'est que le prestige du pouvoir imposa silence aux mécontents. Aussi le témoignage de Saint-Simon est-il suspect, quand il déclare que le duc était adoré en Bretagne. La réaction se fit violente, lors de la Révolution, quand la foule en délire envahit la chapelle Saint-Yves, où l'on conservait dans un coffret de plomb le cœur du duc, et quand elle saccagea ce pieux souvenir.

La désaffection s'est poursuivie d'ailleurs, d'une façon moins violente, il est vrai, de nos jours. La rue de Chaulnes, la poterne, les ponts qui portaient le nom du gouverneur ont disparu ; aucune voie ne rappelle plus son souvenir, alors que dans le centre de la ville, les rues d'Estrées, Châteaurenault et de Toulouse conservent la mémoire d'anciens gouverneurs ou lieutenants généraux de la province. Ce n'est qu'une petite indication, mais elle témoigne de l'oubli volontaire dans lequel la Bretagne tient à laisser son ancien gouverneur.

*
* *

Dans le voisinage immédiat de Rennes, on trouve, encadré par des arbres centenaires, le charmant petit château de la Prévalaye. C'est un domaine qui a eu la bonne fortune de rester depuis bientôt trois siècles dans la même famille, les Thiery de la Prévalaye. Le respect des lieux et un certain goût du passé ont dû engager les propriétaires successifs à conserver intact cet élégant logis d'autrefois, et à s'inspirer, dans les restaurations inévitables, du style primitif. Les allées qui l'entourent, des « rabines » suivant l'expression pittoresque du pays, sont les plus belles du monde, comme aurait dit Mme de Sévigné elle-même. Les a-t-elle connues ? C'est infiniment probable, mais aucune de ses lettres n'en fait mention. Toutefois elle ne manque pas de vanter à plusieurs reprises le beurre célèbre de la Prévalaye, et comme elle le fait avec sa façon inimitable, il n'y a qu'à lui laisser la parole et à se réjouir de rencontrer sur sa route un couplet d'une grâce aussi complète et aussi représentative.

« Il nous vient toutes les semaines du beurre de la Prévalaye; je l'aime et le mange comme si j'étais bretonne; nous faisons des beurrées infinies: nous pensons toujours à vous en les mangeant ; mon fils y marque toujours toutes ses dents, et ce qui me fait plaisir, c'est que j'y marque encore toutes les miennes... »

N'oublions pas qu'elle a soixante-quatre ans.

Voilà des tartines qui méritent la même célébrité que celles de la Charlotte de Werther, et, si elles s'accompagnent de moins de poésie, elles évoquent, du moins, un tableau plein de vie et de couleur.

VIII

Les trois Sévigné

Vlll

Les Trois Sévigné

La Prévalaye est à l'Ouest de Rennes. La terre de Sévigné se trouve à deux lieues à l'Est. Il existe encore sur le territoire de la commune de Cesson un petit groupe de maisons portant le nom de Haut-Sévigné; c'est tout ce qui reste de l'ancienne Châtellenie d'où est sortie la famille de Sévigné.

Walkenaër, ordinairement si bien informé, a été ici induit en erreur. Il place à Gévezé, autre commune de l'arrondissement de Rennes, le berceau de la famille. La confusion est d'ailleurs excusable; il y a en effet sur le territoire de Gévezé, un autre hameau portant le nom de Sévigné. Mais les possesseurs de cette terre, qui eurent eux aussi le titre de Seigneurs de Sévigné au XVIe siècle, n'avaient aucune parenté avec les Sévigné de Cesson.

Ce petit point a été définitivement élucidé par Fred. Saulnier dans ses recherches sur la famille de Sévigné.

Les ancêtres d'Henri de Sévigné, époux de Marie de Rabutin Chantal, les seuls qui nous intéressent, possédaient la terre noble et Seigneurie de Sévigné, paroisse de Cesson depuis un temps immémorial.

Un arrêt de la Chambre de Noblesse du 7 novembre 1670 l'a reconnu, et, si l'on veut quelques précisions, en voici qui sont empruntées aux travaux si documentés de Fred. Saulnier.

La Châtellenie de Sévigné fut érigée en titre de bannière par le duc François Ier le 4 novembre 1443, en faveur de Guillaume de Sévigné, ancien chambellan du précédent duc. Les descendants s'autorisèrent du titre de banneret pour porter plus tard celui de baron, qui se transforma vers 1644 en celui de marquis. Le manoir, fortifié, devait s'élever sur une colline, au-dessus de la Vilaine. D'après une tradition locale, il aurait toujours victorieusement résisté aux attaques anglaises au cours du XIVe siècle. Mais à la suite d'une révolte des seigneurs bretons contre un ministre impopulaire du duc François II, il fut, sur l'ordre de ce dernier, complètement rasé vers 1484. Les Sévigné avaient d'ailleurs transféré leur résidence avant cet événement au châtelet de Balazé, devenu leur propriété par des alliances; et un peu plus tard, ils s'étaient définitivement fixés aux Rochers, qu'un mariage avait fait entrer dans leur patrimoine.

Ainsi la terre de Sévigné, qui avait donné son nom à la famille, n'était plus au XVII siècle qu'un domaine rural exploité par des fermiers, et Charles pouvait écrire plaisamment à sa sœur, après une inondation qui avait tout dévasté, qu'il ne pouvait plus s'appeler présentement Monsieur de Sévigné, « car il a fait depuis hier un si terrible débordement d'eau que je crois qu'il a emporté tout ce qui reste de terre; ainsi je ne suis plus que Monsieur des Rochers ».

Au surplus, Mme de Sévigné nous renseigne exactement elle-même, sur les origines de la famille, dans les lettres du 28 août et du 4 décembre 1668, adressées à Bussy. Elle est alors en conflit avec son cousin qui revendique au profit des Rabutin une noblesse plus ancienne. Mais elle

n'est pas femme à se laisser faire, et elle n'entend
pas que le nom qu'elle porte désormais soit injus-
tement dénigré.

« Il y a plaisir d'étaler une bonne chevalerie
quand on y est obligé ». On vient précisément de
prescrire un travail de révision des titres de noblesse et la marquise a produit à cette occasion
des justifications éclatantes : chacun a dû, suivant
son expression, étaler sa marchandise.

« ...Quatorze contrats de mariage de père en
fils, trois cent cinquante ans de chevalerie ; les
pères quelquefois considérables dans les guerres
de Bretagne, et bien marqués dans l'Histoire ;
quelquefois retirés chez eux comme des Bretons ;
quelquefois de grands biens, quelquefois de mé-
diocres, mais toujours de bonnes et de grandes
alliances ; celles de trois cent cinquante ans au
bout desquels on ne voit que des noms de baptême,
sont du Quelnec, Montmorency, Baraton et Châ-
teaugiron ; ces noms sont grands ; ces femmes
avaient pour mari des Rohan et des Clisson ; des
Coëtquen, des Rosmadec ; des Clindon, des Sévigné de leur même maison ; des du Bellay, des
Rieux, des Bodegal, des Plessis-Ireul et d'autres,

qui ne me reviennent plus présentement, jusqu'à Vassé et jusqu'à Rabutin. Tout cela est vrai; il faut m'en croire... Je vous conjure donc, mon cousin, si vous me voulez obliger, de changer votre écriteau, et, si vous n'y voulez point mettre de bien, n'y mettez point de rabaissement ; j'attends cette marque de votre justice et du reste d'amitié que vous avez pour moi ».

L'écriteau quelque peu insolent, dont elle exige la rectification, est une inscription que Bussy a placée au-dessous du portrait de sa cousine, dans la galerie de son château, aux termes de laquelle Marie de Rabutin a été mariée à un gentilhomme breton, honoré des alliances « de Vassé et de Rabutin ». Honoré est de trop, car elle l'entend dans un sens péjoratif..., les deux maisons ont des titres égaux, et peuvent étaler leur marchandise, sans avoir à en rougir d'aucun côté. Tel est le sens de la réplique.

Il nous importe peu aujourd'hui, et si le descendant de cette noble lignée n'avait eu pour compagne une femme de génie, son nom serait aussi obscur et aussi oublié que celui de tant de frondeurs ou de gentilshommes dont le souvenir s'est perdu.

Par le rayonnement de la correspondance, non certes par leurs mérites personnels, trois Sévigné, appartiennent désormais à la littérature : Henri, le mari ; Charles, le fils; Renaud, l'oncle. Une tentation bien naturelle nous pousse à fixer en quelques traits la physionomie de chacun.

Henri de Sévigné est un galant cavalier, d'un extérieur séduisant ; mais il a une exubérance fatigante; les contemporains le traitaient de fâcheux; nous dirions « raseur » si ce qualificatif était entré dans la langue chatiée. Quelqu'un, Ménage, sauf erreur, a écrit, qu'il n'était pas un honnête homme, dans le sens où l'entendait le XVIIe siècle; comprenez, un homme aux sentiments délicats et élevés. Mari d'une femme exquise, qui lui reste fidèle, il la néglige, et lui préfère les gourgandines; d'où le joli mot, souvent cité de Conrart : « Il estimait sa femme et ne l'aimait pas, alors qu'elle l'aimait et ne l'estimait pas ». Et celui de Bussy : « Il avait aimé partout, sans avoir jamais aimé rien d'aussi aimable que sa femme ». Il trouva un jour sur son chemin Mme de Gondran.

Mme de Gondran, c'est, dans l'intimité, Lolo ; c'est la femme mariée qui se livre à la galanterie, dont le mari, sorte de brute, est aveugle ou complice ; dont le frère, digne émule de Lescaut, encourageait toute jeune sa sœur au vice en lui disant : « Rien n'est si beau que d'être galante ». Gondran, au début, est jaloux ; il aime le vin et s'abrutit ; il oblige sa femme à boire avec lui. Et comme elle avait de l'enjouement, du charme et que, somme toute, elle était séduisante, elle eut bientôt, au contact de ce mari sans scrupules, toutes les allures d'une fille de joie.

Survient, après quelques autres, Henri de Sévigné ; il conquiert facilement le cœur de la belle. Mais un rival moins favorisé, le Chevalier d'Albret, se plaint d'être délaissé et fait demander des éclaircissements au marquis de Sévigné. Duel ; Henri de Sévigné tombe mortellement frappé le 3 février 1651.

Telle est en quelques mots la lamentable aventure qui laisse veuve à 25 ans une des femmes les plus séduisantes de son temps. Pour rendre le drame plus douloureux encore, les circonstances faisaient que Mme de Sévigné était alors seule aux Rochers, où son libertin de mari avait trouvé sans doute commode de l'exiler.

*
* *

Charles est moins cyniquement débauché que son père, et si sa conduite, dans ses jeunes années, n'est pas non plus très recommandable, elle peut être jugée moins sévèrement puisqu'après tout ses excès n'ont d'inconvénient que pour lui-même. Il prend sa mère pour confidente de ses bonnes fortunes; celle-ci s'alarme de la passion de Charles pour Ninon de Lenclos, qui a déjà su ensorceler le père et qui, plus tard, attirera encore le petit marquis de Grignan.

Puis c'est l'aventure avec la Champmeslé. Ce pauvre Charles, passionné à froid, ayant plus de velléités que de véritable fougue, s'il faut en croire sa mère, se couvre quelque peu de ridicule en payant les soupers, avec Despreaux et Racine comme convives, « c'est une vraie diablerie ». Il a, un jour, une défaillance physique et n'a rien de plus pressé que de venir la narrer à sa mère, qui s'en réjouit gaillardement, pourrait-on dire, si le mot n'était ici réellement déplacé; elle rappelle à ce propos la comparaison méprisante de Ninon :

« ...C'est une vraie citrouille fricassée dans la neige. »

La verve gauloise de Mme de Sévigné ne se scandalise pas de ces confidences de son fils. Et si elle les rapporte elle-même avec l'entrain et le tact qui lui sont habituels, c'est que son cœur maternel a besoin de s'épancher et de déplorer au fond ses misérables aventures.

Après cette vie agitée, Charles deviendra d'ailleurs un excellent mari. Sur ses vieux jours il tournera à la dévotion étroite, comme tant de débauchés ou d'héroïnes du XVIIIe siècle, justifiant une fois de plus le mot de Saint-Evremond sur les dernières évolutions de ces passionnés. Sainte-Beuve a écrit aussi que l'amour de Dieu pour certaines âmes était de l'amour transposé, et comme c'est un incroyant, il ajoute, à fonds perdu.

Ne cherchons pas à approfondir ce problème; d'autres préoccupations nous sollicitent. Charles, au surplus, mérite à d'autres égards, toute notre sympathie. C'est un esprit des plus fins, ayant une culture étendue; comme lecteur, il est incomparable, et sa présence aux Rochers est, à diverses époques, la grande consolation et la joie de sa mère.

Dans une de ses figurines, si élégamment ciselées, Jules Lemaître a entrepris de réhabiliter ce fils incompris : joli thème pour un tel virtuose. Mais c'est une vue inexacte que celle du brillant critique, qui a voulu surtout se donner le malin plaisir d'opposer ce garçon simplement délicieux, suivant sa propre expression, à cette impassible et distante Mme de Grignan.

Certes la personnalité de la fille est un peu envahissante; elle ne saurait tenir dans nos affections la même place que dans le cœur indulgent de Mme de Sévigné : on peut même concéder que ces doléances maternelles sont à la longue quelque peu monotones, qu'elles provoquent chez le lecteur un léger sentiment d'agacement. On aimerait tout au moins à entendre la contre-partie, à constater de quel ton et avec quel élan la fille savait répondre à la mère. Mais il serait

injuste, sous prétexte de donner une leçon à l'une
et à l'autre, de mettre Charles sur le pavois et d'en
faire une perfection.

Et puis, pourquoi chercher querelle à Jules
Lemaître, dont le souci fut simplement sans doute
de se procurer à lui-même et de procurer à ses
lecteurs un amusement exquis, en brodant sur un
sujet connu des variations nouvelles.

*
* *

Renaud, c'est Don Quichotte. Comment ne pas
penser à cet être chimérique en apercevant dans le
lointain la silhouette de notre oncle Sévigné.

Renaud a de l'enthousiasme, il est dévoué,
ardent, mais il a de la candeur. Il se lance dans
les luttes de la Fronde et y joue souvent un rôle
ridicule. On lui donne le commandement d'un
régiment de cavalerie levé par le coadjuteur; c'est
le régiment de Corinthe, du nom de l'évêché, dont
Retz est titulaire. Il reçoit la mission de protéger
un convoi de ravitaillement, qu'il faut aller rejoindre vers le pont d'Antony et ramener ensuite dans
Paris. Les cavaliers, au nombre de 180, sont atta-

qués par les troupes régulières, plus nombreuses et mieux disciplinées : défaite honorable que celle de vaillants soldats accablés par le nombre. Certes, mais voici le côté comique de l'aventure. Le convoi de vivres à introduire dans la capitale se compose de 60 charrettes de farine et d'environ 100 pourceaux gras... Vous voyez la débandade. Renaud tombe de cheval dans un fossé, passe pour mort et n'est ramené à Paris, en carrosse, que le calme rétabli et les vivres emportés par le parti adverse.

Un haut fait digne du chevalier de la Triste Figure, vous dis-je. Sauf que Renaud, galant homme et de belle taille, suivant Loret, est un cavalier de visage avenant.

On doit d'autant moins s'étonner de l'avantage remporté, qu'il y a peu d'apparence, dit le compte rendu adressé au roi, qu'une milice nouvellement levée puisse résister à de vieilles troupes aguerries.

Pauvre Renaud ! il s'est trompé de camp. Il passera d'ailleurs sa vie à se tromper de camp. Plus tard à Port-Royal, où il vivra comme un saint homme, le ridicule qui s'est attaché à lui dans ses jeunes années le suivra jusque dans sa retraite. Des gamins, le voyant prendre l'air au jardin des Capucins, où il se promenait avec un parasol pour se garantir du soleil, le huèrent comme un personnage bizarre.

Dulcinée, ce fut celle qui devint sa femme, Isabelle de Pena, veuve de la Vergne, mère de la future Mme de la Fayette. Cette dernière, femme exquise qui honore également les lettres, fut une des meilleures amies de Mme de Sévigné. Elle tint plus de place dans son cœur que l'oncle Renaud. La santé délicate, les infirmités de Mme de Lafayette font l'objet de doléances et de regrets renouvelés dans bien des lettres, et lorsque la pauvre femme meurt, son amie ne manque pas de rappeler dans des termes émus les quarante années d'intimité qui les a unies.

Par contre, à la mort de Renaud, on trouve une brève mention : « J'oubliais de vous dire que notre oncle de Sévigné est mort ». Et c'est tout.

Avec elle il n'y a jamais d'hypocrisie. La phrase qui suit, indique d'ailleurs combien ce décès la laisse indifférente... « Mme de Lafayette commence présentement à hériter de sa mère ».

En effet, Renaud avait, sa vie durant, la jouis-

sance de la fortune de sa femme, veuve en premières noces de M. de la Vergne.

Au demeurant il serait injuste de n'apercevoir
en lui que le côté comique. Il eut d'autres adversaires que des moulins à vent et des pourceaux.

Il est toujours là où il y a des coups à recevoir ;
à l'armée, où il se distingua en diverses circonstances ; à Nantes, pour seconder son parent le
cardinal de Retz lors de son évasion ; aux côtés de
sa nièce, pour relever l'injure à elle faite par les
Rohan, après l'incident Tonquédec, ainsi qu'on
le verra plus loin. C'est un brave homme et un
homme brave, un original, si l'on veut, plein
d'illusions et de courage ; c'est, avec tous ses
défauts, une noble figure, ne manquant pas d'allure ; c'est enfin, aux heures de sa retraite à Port-
Royal, le chevalier d'honneur du monastère, suivant une heureuse expression de Sainte-Beuve.

IX

Le Lude

IX

Le Lude

—

Nous avons suivi Mme de Sévigné en calèche, en carrosse, en bateau : la voici maintenant en litière. Elle fait ainsi le voyage des Rochers à Grignan, par Tours et le centre; elle est vieille, comme le lui a rappelé l'année précédente Mme de Lafayette, et elle doit se ménager. Elle va donc en litière jusqu'au Rhône, où elle prend le bateau pour gagner le port de Robinet, dans le voisinage de Grignan.

La litière est le mode de transport réservé aux malades et aux personnes délicates : les baigneurs qui se rendent à Bourbon l'utilisent; on l'emploie aussi dans les pays accidentés, là où les routes sont mauvaises, pour éviter les cahots. On sait que le voyageur est assis ou allongé dans une sorte de chaise à porteurs, assez spacieuse, soutenue entre deux brancards portés par des mulets.

A plusieurs reprises, la correspondance fait allusion à des trajets en litière.

En 1676, lorsqu'à l'automne Mme de Grignan se dispose à rejoindre sa mère à Paris, elle doit prendre la litière jusqu'à Roanne, où elle emprunte ensuite la rivière jusqu'à Briare.

En 1680, Charles est malade aux Rochers, et il est question de le ramener à Paris par ce moyen. Et comment ne pas citer ce passage où Mme de Sévigné, donnant, suivant son habitude, la vie à toute chose, nous permet d'assister à une scène charmante... « J'étais tout habillée à huit heures, j'avais pris mon café, entendu la messe, tous les adieux faits, le bardot chargé, les sonnettes des mulets me faisaient souvenir qu'il fallait monter en litière; ma chambre était pleine de monde; on me priait de ne point partir, parce que depuis plusieurs jours il pleut beaucoup, et depuis hier continuellement, et même dans ce moment, plus qu'à l'ordinaire. Je résistais hardiment à tous ces discours, faisant honneur à la résolution que j'avais prise et à tout ce que je vous mandais hier par la poste, en assurant que j'arriverais jeudi, lorsque tout à coup M. de Grignan, en robe de chambre d'omelette, m'a parlé sérieusement de la témérité de mon entreprise, disant que mon muletier ne suivrait pas ma litière, que mes mulets tomberaient dans les fossés, que mes gens seraient mouillés et hors d'état de me secourir, qu'en un moment j'ai changé d'avis et j'ai cédé entièrement à ces sages remontrances ». C'est un tableau de genre parfait : rien n'y manque, ni l'agitation du départ, ni l'entrée imprévue en négligé du matin de M. de Grignan venant présenter ses observations. C'est presque une scène du roman comique ; et il n'est pas jusqu'au bruit joyeux des clochettes que nous croyons entendre qui ne donne à toute cette scène un pittoresque achevé.

Mais ce n'est pas de ce départ qu'il s'agit actuellement, c'est de celui qui, des Rochers va conduire, en 1690, Mme de Sévigné auprès de sa fille en trois semaines par un itinéraire que nous connaissons grâce aux lettres inédites, publiées par M. Capmas. La marquise a couché le premier jour à Laval, le second à Sablé, le troisième au Lude, enfin elle est arrivée à Tours le 10 octobre ; elle a parcouru dix à douze lieues par jour. La lettre qui donne ces détails fait partie du manuscrit trouvé par M. Capmas à Dijon en 1873. L'histoire de cette découverte doit être rappelée en quelques mots car elle se rattache étroitement à un problème littéraire du plus haut intérêt.

On sait que du vivant de Mme de Sévigné certaines de ses lettres circulaient dans un milieu restreint ; c'était la mode à cette époque de se passer de main en main des portraits, de les discuter, de s'en distraire. De là à communiquer à des amis des lettres bien tournées, donnant la chronique du jour, il n'y avait qu'un pas.

Peu de temps après la mort de la marquise, en 1696, eut lieu la première publication de quelques lettres dans les Mémoires de Bussy, suivie en 1698 d'une première édition des Lettres de Bussy où figuraient de nouvelles lettres de la marquise. Puis vinrent les éditions plus complètes de 1725 et de 1726, et enfin en 1734 la première édition donnée par le chevalier de Perrin, à la suite d'un accord avec Mme de Simiane.

Celle-ci avait été émue et alarmée de la publication de 1725. On croit qu'elle détruisit vers 1734, c'est-à-dire à l'époque où le chevalier de Perrin donna sa première édition, toutes les lettres

de Mme de Grignan. Par scrupule religieux ? par
crainte de froissements ou de représailles dans la
province ? Il était en effet dangereux de livrer à
la publicité des réflexions et des plaisanteries sur
les uns et les autres (rappelez-vous les allusions
aux pétoffes) ou encore les confidences et les opinions souvent très libres sur les faits du jour. La
correspondance de Mme de Grignan fut donc
brûlée, et celle de Mme de Sévigné soigneusement
expurgée. Mais des copies avaient été recueillies
par des parents ou des familiers, et c'est ainsi
qu'en 1827, Monmerqué, ayant eu communication
du manuscrit de Grosbois, put publier une première série d'extraits inédits. Ce manuscrit était
conservé en Bourgogne, chez le marquis de Grosbois ; c'est un gros in-folio de plus de mille pages,
dans lequel Monmerqué fit des découvertes intéressantes. Mais il était réservé à M. Capmas, professeur à la Faculté de Droit de Dijon, de faire
en 1873 une trouvaille beaucoup plus curieuse,
celle de six volumes in-4 de 420 à 430 pages
chacun, contenant des copies de lettres de Mme
de Sévigné soit intégrales, soit complètement
inédites. Cet érudit eut donc la joie de reconstituer

une partie des lettres qui avaient été tronquées, et
de publier une nouvelle série, s'intercalant dans
les lettres déjà connues. Comment put-il mettre
la main sur des documents si précieux ? Par le
hasard et un certain instinct favorable aux cher-
cheurs. Lors de la vente du mobilier et de la
bibliothèque d'un château des environs de Semur
en 1872, une marchande d'antiquités avait acheté
dans un lot six volumes recouverts de veau brun,
portant comme titre : « Recueil de plusieurs lettres
de Marie de Rabutin-Chantal, marquise de Sévigné. Ces volumes vinrent échouer à Dijon, dans la
boutique de la brocanteuse. C'est là que M.
Capmas, en furetant, vint les découvrir. On n'a
pas exactement établi comment ce manuscrit était
parvenu en Bourgogne, et comment il y était resté
ignoré si longtemps. On suppose que dans les
années qui suivirent la mort de Mme de Sévigné,
quelques privilégiés avaient été admis à prendre
copie d'une partie de la correspondance. L'abbé
de Bussy, second fils du comte de Bussy, alors en
Provence, avait notamment reçu de Mme de
Simiane un recueil, qui passa ensuite à son frère.
A la mort de ce dernier, le manuscrit fut recueilli

par Thiriot, qui l'utilisa pour son édition de Rouen en 1726. D'autres copies ont pu, à cette même époque, être transmises à des amis et venir, en dernier lieu, s'enfouir en quelque bibliothèque ignorée.

Quoi qu'il en soit, l'authenticité du recueil découvert à Dijon n'est pas mise en doute, et M. Capmas a pu, après avoir revu et complété, avec un soin pieux, les lettres connues, éditer celles qui avaient jusqu'alors, été soustraites au public; les deux volumes qu'il a ainsi publiés, font suite à la série des lettres de l'édition des Grands Ecrivains et ont été incorporés dans cette célèbre collection.

On constate des lacunes dans la correspondance de la mère et de la fille pendant l'année 1690. L'heureuse trouvaille de M. Capmas les comble en partie. La lettre reproduite ci-après est de nature à suggérer bien des réflexions.

Tours, 11 octobre 1690 :

« Me voici, ma chère bonne, en parfaite santé, fort contente de la litière; cela passe partout, on ne craint rien. On dit que cette voiture est triste :

je la trouve bien gaie, quand on n'a point peur.
J'ai couché d'abord à Laval, puis à Sablé, puis
au Lude, puis ici : tous ces noms ne sont point
barbares. Mais ce qui est bien barbare, ma bonne,
c'est la mort. Je voulus me promener le soir au
Lude ; je commençai par l'église ; j'y trouvai le
pauvre grand maître ; cela est triste !

« Je portai cette pensée dans sa belle maison ;
je voulus m'accoutumer aux terrasses magnifiques
et à l'air d'un château qui l'est infiniment ; tout y
pleure, tout y est négligé ; cent orangers morts ou
mourants font voir qu'ils n'ont vu depuis cinq
ans ni maître ni maîtresse. Je pars dans une heure,
ma très chère bonne, j'ai un temps charmant et
divin : j'espère toujours être le 14 à Moulins. »

Signalons, une fois de plus, sa constante bonne
humeur, son heureux équilibre, même dans les
lieux qui rappellent de cruels souvenirs, même
lorsque le poids des années pourrait la rendre plus
morose ; et cherchons la clef du mystère inclus
dans cette lettre, teintée, il faut bien le reconnaître,
d'une légère mélancolie.

Le grand maître, c'est Henri de Daillon, comte, puis duc du Lude, mort le 29 août 1685.

Au temps de sa brillante jeunesse, le comte du Lude avait été l'un des soupirants de Mme de Sévigné ; il avait été éconduit, comme les autres, mais il avait su, et elle avait su conserver à leurs relations l'allure d'une intimité affectueuse et confiante.

C'était un homme brillant et séduisant, spirituel, l'un des meilleurs diseurs de bons mots de notre temps, dit Ménage. Loyal et chevaleresque, il avait pris parti pour Mme de Sévigné, lors de la querelle que le duc de Rohan chercha, un jour, dans le salon même de la marquise, à M. de Tonquédec. C'était à l'époque de la Fronde. La duchesse de Rohan exigeait que Mme de Sévigné se prononçât en faveur des Rohan et refusât à l'avenir de recevoir le marquis de Tonquédec. Celle-ci n'y consentit point ; un duel faillit s'en suivre, entraînant dans l'aventure plusieurs combattants, le comte du Lude, le duc de Brissac et le comte de Chavagnac. On voit figurer aussi dans cette affaire le nom de l'excellent Renaud de Sévigné, toujours chevaleresque, qui voulut relever l'offense faite à sa nièce par les Rohan. Le conflit s'apaisa sans qu'il y eut de sang versé. Retenons seulement de l'incident que le comte du Lude y portait les couleurs de Mme de Sévigné.

Courtisan accompli, il avait plu à Louis XIV, alors au début de son règne. Il est de toutes les fêtes : il paraît dans le ballet de Pelée et Thétis, aux côtés du jeune roi et des sœurs Mancini. Plus tard, on le verra à Versailles, toujours élégant et recherché. Les honneurs ne lui seront pas épargnés ; d'abord comte du Lude, il est créé duc, puis devient grand maître de l'artillerie...

On conçoit, dès lors, les pensées agréables ou douloureuses qui devaient traverser tour à tour l'esprit de la voyageuse sur la terrasse du Lude. Dans un rapide raccourci elle pouvait apercevoir les diverses étapes de sa vie : une union mal assortie, un veuvage exposé à tous les dangers ; sa résistance victorieuse et enjouée à toutes les tentations ; les audaces de Bussy, les soins discrètement empressés du comte du Lude, et de quelques autres, et non des moindres : Fouquet, le prince de Conti, Turenne ; puis l'attention donnée à l'éducation de ses enfants, son immense tendresse pour eux ; puis l'âge qui vient, la mort qui a déjà pris le Grand Maître, la mort qui rôde et qui guette d'autres victimes... Oui cela est réellement barbare.

Et pourtant, elle ne craint pas la mort. Cette pensée la préoccupe, comme il est naturel, mais ne lui cause aucun effroi. Combien d'allusions, dans ses lettres, et reposant toujours sur une aimable philosophie.

Après sa maladie aux Rochers, en 1676, elle écrit à sa fille qu'elle a perdu la jolie chimère de se croire immortelle et qu'elle commence présentement à se douter de quelque chose ; qu'elle pourrait bien, par exemple, passer un jour comme les autres, dans la barque à Caron.

Lorsqu'elle annonce à Mme de Grignan, le 27 septembre 1684, la mort de Mme de Cœuvres et du chevalier d'Humières, elle ajoute : « Comme cette mort va courant partout et attrapant de tous côtés. » Mais elle ne s'appesantit pas et reprend aussitôt confiance : « Je me porte parfaitement bien. »

Au décès de La Rochefoucauld, elle écrit cette observation profonde : « Croyez-moi, ma fille, ce n'est pas inutilement qu'il a fait des réflexions toute sa vie ; il s'est approché de telle sorte de ses derniers moments, qu'ils n'ont rien de nouveau, ni d'étranger pour lui. » Et elle notera pour elle-même cette réflexion, pleine d'une sagesse où l'on devine autre chose que la résignation chrétienne : « Dieu m'a donné un fond de religion, qui m'a fait regarder assez solidement cette dernière action de la vie. »

En annonçant la mort de deux dames qui lui sont indifférentes, elle dit : « Je ne m'en soucie non plus qu'elles ne se soucieraient de la mienne si elles m'avaient survécu. Je sais bien que nous irons après elles, j'y songe comme vous, mais je n'en suis pas plus triste. »

A Bussy, elle écrit le 13 août 1688 : « La vie est courte, et vous êtes bien avancé déjà ; ce n'est pas la peine de s'impatienter. » N'oublions pas son mot, à propos de l'évêque du Mans, sur la Providence dont les coups de force lui plaisent assez. Et ces boutades charmantes : «... Nous tâchons de découvrir ce qui est écrit là-haut ; mais jusqu'ici cela est tellement griffonné, que nous n'avons pu le lire. La Providence le veut ainsi. Elle est tellement maîtresse de toutes nos actions, que nous n'exécutons rien que sous son bon plaisir, et je tâche de ne faire de projets que le moins possible, afin de n'être pas si souvent trompée... »

On pourrait multiplier ces citations à l'infini. Il s'en dégage, sur un fond de religion, si l'on veut, une doctrine très personnelle et un peu nonchalante, où l'on n'aperçoit nullement la crainte des flammes éternelles, et qui repose beaucoup plus sur une sorte de fatalisme résigné que sur un dogmatisme étroit. N'a-t-elle pas écrit quelque part : « ... Mon père disait qu'il aimait Dieu, quand il était bien aise ; il me semble que je suis sa fille. » Comment doit-on l'entendre ? C'est un point délicat qui mériterait une analyse plus fouillée. On se réserve d'y revenir, si l'on en a le loisir.

Donc, lorsqu'elle s'éloigne de l'église, où le tombeau du « Grand-Maître » lui a suggéré de sombres pensées, elle reste quelques instants encore sous cette impression de tristesse, confirmée par l'état d'abandon de la maison et de l'aspect négligé des jardins. Mais par une pente naturelle à son esprit, la bonne humeur revient : « ... Je pars dans une heure, ma très chère bonne, j'ai un temps charmant et divin. » Délicieux contraste !

Avant de repartir avec elle sous d'autres cieux, il faut cependant consacrer quelques lignes au magnifique décor qu'elle a simplement esquissé d'un trait.

Le château du Lude, en effet, était et est resté, par un rare privilège, une des plus belles demeures de France. Il a traversé les temps troublés de la Révolution sans être morcelé, ni endommagé ; il a conservé son caractère seigneurial, et, bien que disparate dans certaines de ses parties, puisqu'on y voit à la fois des tours et façades Louis XII et François Ier, dans lesquelles s'encastre une aile Louis XVI, il a, si l'on peut dire, une certaine unité, à la manière de ces puissants monuments, le Louvre, et le château de Blois, qui ont traversé les siècles en empruntant à chacun sa marque particulière et qui cependant obtiennent du temps une patine et une harmonie fondant tous les détails dans un ensemble admirable.

Ce domaine, assis encore aujourd'hui sur un fonds territorial de plusieurs milliers d'hectares, a été pendant plus de deux siècles le fief des

Daillon, comtes du Lude. Il passa ensuite dans d'autres familles ; il est resté depuis plus de cent ans entre les mains des La Vieuxville et des de Talhouët, qui ont su lui redonner son allure d'autrefois. On peut le comparer aux plus beaux châteaux de la Loire et le déclarer même à certains égards supérieur. Ce n'est ni le splendide isolement de Chambord, ni l'originalité des Chenonceaux, ni l'élégance d'Azay ; ce serait plutôt un joyau un peu lourdement monté, comme Chaumont et Rigny-Ussé, où l'on retrouve le même faste de bon aloi et le même respect scrupuleux du passé. Il ne faut pas y chercher le meuble rare ni le tableau précieux, et l'on aurait tort d'ailleurs de s'attacher aux détails ; c'est une impression d'ensemble qu'il faut demander au Lude. Or, rien de plus complet à cet égard, que celle ressentie par le visiteur, lorsque placé sur la terrasse qui domine le Loir, il aperçoit le château, se profilant à sa droite, puis les magnifiques jardins s'étageant en plans successifs; sur la gauche, la campagne plantureuse et prospère, et un épais rideau d'arbres, encadrant majestueusement un coude de la rivière ; c'est un de ces tableaux reposants et grandioses tout à la fois, où l'on reconnait les lignes si heureusement caractéristiques de notre France.

* * *

Tel est le spectacle que Mme de Sévigné eut sous les yeux, quand elle vint, après son pèlerinage mélancolique au tombeau du duc du Lude, contempler le château et les terrasses d'où le maître était absent depuis cinq ans déjà.

Trois jours après, elle était à Moulins. Moulins est une ville qui ne lui est pas indifférente, pour deux raisons mentionnées dans plusieurs lettres : c'est là que sa grand'mère, Mme de Chantal, est morte en 1641, au couvent des Filles de la Visitation. C'est dans ce même couvent que Mme de Montmorency, veuve de Henri de Montmorency, exécuté à Toulouse en 1632, s'est retirée après la mort de son mari : une crise de famille d'une part, un drame historique de l'autre.

On connaît l'aventure singulière de Jeanne-Françoise Frémiot, baronne de Chantal, appelée par une vocation irrésistible auprès de François de Sales, évêque de Genève, et fondant à Annecy, sous l'inspiration de celui-ci, l'ordre de la Visitation. Deux de ses filles la suivirent au couvent. Elle créa 87 maisons de cet ordre, dont celle de Moulins où elle rendit le dernier soupir le vendredi 17 décembre 1641. Elle fut canonisée dans la suite sous le nom de Sainte Chantal.

En passant à Moulins pour se rendre à Vichy, au cours du printemps de 1676, Mme de Sévigné commençait une lettre à sa fille dans les termes suivants : « ... A Moulins, à la Visitation, dans la chambre où ma grand'mère est morte, ce dimanche après vêpres, 17 mai 1676, entourée des deux petites de Valençai. J'arrivai hier soir ici... J'ai trouvé le mausolée admirable. »

Le mausolée, c'est le monument que Marie-Félice des Ursins, veuve du duc de Montmorency, avait fait élever à la mémoire de son mari, victime de Richelieu. Elle-même avait pris l'habit de religieuse et elle termina ses jours à la Visitation de Moulins. C'est dans le monastère même que le tombeau avait été érigé.

Les contemporains donnent sur la douleur de la malheureuse veuve et les conséquences physiologiques qu'ils lui attribuent, des précisions dont nous avons le droit de nous étonner, au point de vue scientifique, mais qui prouvent en tous cas la profondeur de son chagrin.

Tallement des Réaux écrit : « Cette pauvre femme se retira à Moulins dans un couvent, où elle pleura tant que, de voustée qu'elle était devenue d'une grande fluxion, elle devint droite comme auparavant, sa fluxion s'étant escoulée par les yeux. » Et Mademoiselle confirme, en sens contraire, le renseignement, en déclarant « que ses pleurs lui ont tellement desséché le cerveau, que les nerfs se sont retirés et qu'elle est maintenant toute voustée et sujette à courte haleine ».

Voilà un cas, bien digne de fixer l'attention du docteur Cabanès. Quoi qu'il en soit, on doit retenir, après avoir feuilleté Tallement des Réaux, que la duchesse de Montmorency eut pour son mari une admiration et des complaisances sans bornes. C'était un homme à succès, « quoi qu'il eust les yeux de travers ». Bon danseur, cavalier émérite, galant et libéral, il conquérait tous les cœurs. Une restriction cependant : il ne disait pas de sottises, mais il avait l'esprit court. On le crut amoureux de la reine, auprès de laquelle il fut supplanté par Buckingham. Mme de Montmorency, flattée de ses succès, ne lui en tenait pas rigueur, au contraire, pourvu qu'il lui fît confidence de ses galanteries.

La duchesse, était personnellement, au témoignage de Mademoiselle, une femme de beaucoup d'esprit, et qui avait été fort agréable, bien qu'elle n'eût jamais été belle. Sa passion et son aveuglement pour son mari étaient tels que, lorsqu'il devait aller au bal, elle lui faisait faire les habits les plus magnifiques, pour qu'il fut mieux paré que les autres, et quand elle ne l'accompagnait pas, elle allait surveiller son retour d'une fenêtre pour le voir plus tôt.

Touchante et naïve tendresse.

Après qu'elle eut fait élever le mausolée de la Visitation et qu'elle eut pris le voile, elle avoua un jour à Mademoiselle que jamais passion n'avait été égale à la sienne et que même elle en avait du scrupule. Pauvre femme en somme, qui vécut sur une illusion et se consacra jalousement à son idole.

Mais il faut, après ce commentaire un peu étendu, revenir à notre point de départ.

De Moulins, Mme de Sévigné, continue sa route vers Lyon. Elle y est le 19 octobre, et fait un court séjour chez la mère de l'abbé Charrier, son compagnon de voyage. Profitant de cet arrêt, elle écrit à sa fille pour lui confirmer son arrivée prochaine et demander l'envoi d'un carrosse à Robinet, petit port sur le Rhône, d'où elle gagnera le château de Grignan.

C'est à M. de Capmas que nous devons également la lettre où l'on relève ces indications et où la voyageuse remarque, que depuis 17 jours elle a fait bien des pas. Peu de temps après son arrivée, elle écrit à Bussy pour lui donner avis de son changement de climat...

« Elle se réjouit de trouver le soleil, capable de rajeunir par sa douce chaleur. »

X

Itinéraires de Paris à Grignan

La Seine — La Saône — Le Rhône
Bourbilly — Epoisses — Lyon

X

Itinéraire de Paris à Grignan

La Seine — la Saône — le Rhône

Bourbilly — Epoisses — Lyon

La Provence tient autant de place dans la correspondance de Mme de Sévigné que la Bretagne, et pour d'autres motifs. La marquise y réside moins souvent qu'aux Rochers, mais c'est là que sa pensée va rejoindre constamment sa fille et toute la tribu des Grignan. Aussi avons-nous sur les hôtes du gouverneur, sur leur vie, sur les séjours à Aix ou à Lambesc, des renseignements aussi abondants que sur les amis de Vitré et de Rennes. On trouve aussi dans des lettres de diverses époques des précisions intéressantes sur les itinéraires suivis pour aller de Paris à Grignan.

Voici par exemple le voyage de juillet 1672. Mme de Sévigné s'en va par Essonne et Melun ;

elle traverse la Bourgogne sans s'arrêter à Dijon. Elle a l'abbé de Coulanges comme compagnon de route, et regrette que le petit Coulanges, le jovial et épicurien Coulanges, ne l'accompagne pas. « ...Nous voyageons un peu gravement ».

Décidément l'oncle n'était pas gai. « ...Pour avoir de la joie, il faut être avec des gens réjouis ».

Arrêts à Auxerre, à Montjeu, à Chalon, à Lyon.

Elle reçoit à Lyon, chez les Bagnols et le gouverneur Villeroi, « le Charmant », un accueil aussi empressé qu'à Nantes, chez les Lavardin et les d'Harouys. Elle visite le cabinet de M... et ses antiquailles; elle va à Pierre-Encize, la sinistre prison, d'où Cinq-Mars et de Thou sont allés au supplice. Elle voit des tableaux admirables. Le soir on entend les violons à Bellecour.

Quelques incidents de route : le 26 juillet un des chevaux de son carrosse s'est noyé, à l'abreuvoir, de sorte qu'il n'en reste plus que cinq et qu'elle craint de faire honte à sa fille avec cet équipage réduit. Pure plaisanterie d'ailleurs, le trajet de Lyon à Montélimar se poursuivant par eau, jusqu'au petit port de Robinet où l'on doit trouver les voitures de Grignan.

Au retour, en octobre 1673, les chemins sont terriblement défoncés et dangereux parfois. A deux lieues de Montélimar, Mme de Sévigné est obligée de descendre de voiture pour franchir un mauvais passage; les eaux sont hautes, le Rhône a débordé : « ...Les chevaux nagèrent et l'eau entra jusqu'au fond du carrosse ».

Au-delà de Lyon, elle écrit le 11 octobre une lettre qu'elle date... « d'un petit chien de village à six lieues de Lyon ».

Séjour à Bourbilly, dans le vieux château de ses pères. (Lettre du 16 octobre 1673). Des affaires d'intérêt l'y retiennent. La récolte est abondante : « Tout crève ici de blé ». Mais le fermier ne règle pas, ou les acheteurs font défaut... « J'ai vingt mille boisseaux à vendre : je crie famine sur un tas de blé ! »

En mai 1675, Mme de Grignan, après un séjour à Paris, repart pour la Provence. Elle suit à peu près le même itinéraire; la mère et la fille se quittent à Fontainebleau. A peine arrivée à Livry, Mme de Sévigné prend la plume et commence sa

lettre du 27 mai, par ce cri déchirant : « ...Quel jour, ma fille, que celui qui ouvre l'absence ! Comment vous a-t-il paru ? Pour moi je l'ai senti avec toute l'amertume et toute la douleur que j'avais imaginées et que j'avais appréhendées depuis si longtemps ».

A Chalon, Mme de Grignan a dû prendre le bateau : « Je compte que vous êtes aujourd'hui sur la tranquille Saône... » écrit la mère le 31 mai 1675. Plus loin celle-ci s'inquiète du passage de cette « chienne de Durance ».

En décembre 1676, ce sont au contraire des cris d'allégresse. Mme de Grignan revient à Paris ; rendez-vous est pris à Villeneuve-Saint-Georges, où un « potage tout chaud attendra la voyageuse. »

Nouveau départ pour Grignan en septembre 1679, avec une variante. « Ils prennent l'eau jusqu'à Auxerre » et passent ensuite à Rouvray non loin de Semur. Mme de Sévigné supplie M. de Guitaut, le châtelain d'Epoisses, d'envoyer sa litière à Mme de Grignan, pour lui permettre de gagner Chalon sans fatigue.

Mais celle-ci a continué sa route, sans prendre la litière, et sa mère s'en désole, dans une lettre ultérieure adressée à Guitaud.

Puis ce sont des lamentations sur les fatigues du séjour à Lyon, où Mme de Grignan a dû se plier à des devoirs mondains; c'est encore le vent sur le Rhône, qui trouble le cœur maternel de la marquise; c'est la bise de Grignan.

De nouvelles imprécations, à l'adresse du Rhône et de la bise éclatent dans les lettres du 20 octobre et du 29 décembre 1688.

« ...Vous avez passé ce diantre de fleuve, si fier, si orgueilleux, si turbulent : il faut le marier à la Durance quand elle est en furie; ah le bon ménage ! »

« La bise de Grignan me fait mal à votre poitrine ».

Sous la plume de Mme de·Sévigné, la géographie devient vivante et colorée, et la climatologie (excusez ce vilain mot) pittoresque et sensible, pour ainsi dire.

*
* *

A Bourbilly, Mme de Sévigné retrouvait le
berceau de sa famille, et bien qu'elle l'eût quitté
depuis de longues années, elle ne s'y sentait pas
isolée. A quelques lieues de là, à Epoisses, rési-
daient ses fidèles amis, les Guitaud. Un peu plus
loin, séjournait souvent, dans une de ses terres,
son cousin, le galant comte Roger de Bussy-
Rabutin.

Ce dernier, cavalier entreprenant et compro-
mettant, n'avait pas été toujours le parent discret
et dévoué que la situation comportait. A diverses
reprises, des nuages s'élevèrent, qui faillirent
séparer à jamais les deux cousins : mais les liens
de parenté ou le charme réciproque de l'un et de
l'autre furent toujours les plus forts, car en définitive l'affection et la fidélité aux souvenirs communs eurent raison de toutes les embûches.

Ce furent d'abord, au temps de la Fronde, des
escarmouches politiques, un badinage élégant :
« ...Quand je songe, que nous étions déjà l'année
passée dans des partis différents, et que nous y
sommes encore aujourd'hui, quoique nous en ayons
changé, je crois que nous jouons aux barres »

écrit Bussy du camp de Montrond, le 2 juillet 1649.

Puis ce fut une brouille grave, provoquée au début par une question d'argent, et entretenue dans la suite par une perfidie de Bussy. Lors de la campagne de 1658, Bussy eut besoin de dix mille écus, pour la dépense de ses équipages. Mme de Sévigné était disposée à lui faire cette avance, qui aurait été d'ailleurs garantie par une terre indivise, sur laquelle ils avaient des intérêts communs. Mais l'oncle de Coulanges, le sévère et prudent conseiller de Mme de Sévigné, n'approuva pas l'opération. Bussy, joueur effréné, prodigue, avait compté sur ce prêt. Sa déception, sa fureur furent grandes. Quelque temps après, quand il écrivit l'Histoire amoureuse des Gaules, il soulagea sa bile en faisant figurer sa cousine dans la galerie des femmes galantes.

Il maltraita durement Mme de Sévigné; il la calomnia. A côté de traits justes (elle est, dit-il, de tempérament froid, toute sa chaleur est à l'esprit), il glisse de vilaines insinuations; et c'est d'autant plus bas que lui-même a tenté de débaucher sa cousine, et qu'il n'y est pas parvenu. Vengeance d'un homme éconduit, dont les rivaux n'ont cependant pas été mieux partagés.

Et, malgré ces vilenies, Mme de Sévigné pardonna. Elle eut pitié du courtisan disgracié, alors que Bussy, l'insolent, le diffamateur avait été éloigné de Versailles. Elle eut vers lui le même élan de pitié qu'elle ressentit pour Fouquet, pour Retz, pour d'Harouys, pour tous les ambitieux déçus ou les imprudents éloignés du pouvoir.

Les relations épistolaires reprirent, pour notre très grande satisfaction, car malgré une certaine préciosité, ces lettres apportent dans la correspondance une note différente, pleine d'agrément.

C'est un marivaudage exquis, pourrait-on dire par anticipation (la chose existait avant le mot); c'est un assaut perpétuel de bel esprit, et parfois d'audaces, qui dénotent chez l'un et chez l'autre un égal désir de tout dire, et qui sans jamais choquer la bienséance, touchent aux sujets les plus scabreux.

Pendant le blocus de Paris au début de la Fronde, Bussy est à Saint-Denis, dans l'armée de Condé, il écrit à sa cousine : « ...Sans l'espérance de vous faire quelque plaisir au sac de

Paris et que vous ne passerez que par mes mains, je crois que je déserterais. Mais cette vue me fait prendre patience... »

En 1655, Bussy part pour le camp de Landre-.cies, il a négligé de prendre congé de la marquise. Elle lui écrit : « ...Comme je ne suis pas une femme de cérémonie, je me contente de celui-ci (d'un adieu par lettre). Je m'étais dit déjà vos raisons, avant que vous ne me les eussiez écrites, et je suis trop raisonnable pour trouver étrange que la veille d'un départ, on couche chez le baigneur... » Que de sous-entendus dans ce simple mot !

La maison du baigneur n'est pas en effet un séjour de recueillement et d'austérité. Ce n'est pas que ce soit, à proprement parler, une maison de mauvaise compagnie; c'est un asile hospitalier où les élégants trouvent, avec le bain, le salon de coiffure, et les autres agréments corporels, et aussi des facilités très larges, pour les rendez-vous galants.

Et Mme de Sévigné, qui n'est pas prude, d'ajouter : « ... Je suis d'une grande commodité pour la liberté publique, et pourvu que les bains ne soient pas chez moi, je suis contente; mon zèle ne me porte pas à trouver mauvais qu'il y en ait dans la ville ».

Dans une lettre écrite de Chaseu le 26 juin 1672 Bussy rapporte un propos gaillard de Turenne sur les jeunes filles et leurs illusions, vraiment gauloises, concernant le sexe fort.

Sur ses vieux jours, il se vante encore d'adresser des billets de Vert-Galant à l'intendante de Bourgogne, et pour que sa cousine n'en ignore, il lui envoie la copie de cette épître audacieuse :

« ... Vos Provençaux, interroge-t-il, en écrivent-ils d'aussi galants à 60 ans passés. Ma foi, il est bien vrai que bon cheval ne fut jamais rosse ».

Tel est souvent le ton de cette correspondance.

Mme de Sévigné qui entendait la plaisanterie, l'admettait aisément. Imitons-la, oublions les perfidies et les aigreurs de l'auteur de l'Histoire amoureuse des Gaules. Sâchons gré à ce dernier de sa désinvolture, même quand elle est cynique, et pardonnons-lui toutes ces faiblesses parce qu'il a écrit sur sa cousine cette phrase exquise :

« ... Elle était de ces gens qui ne devraient jamais mourir, comme il y en a d'autres qui ne devraient jamais naître.

XI

Grignan — Aix — Marseille

XI

Grignan — Aix — Marseille

Mme de Sévigné a tracé des hôtes de Grignan
des portraits inoubliables. Dans cette galerie de
famille, le comte occupe naturellement la première
place.

Malgré les griefs et les craintes, souvent justifiées de la belle-mère, malgré quelques mouvements d'impatience du gendre, la bonne harmonie
ne cessa jamais de régner entre eux. C'était d'une
part une malice cordiale, des plaisanteries agréablement renouvelées, qui auraient pu à la longue
devenir lassantes ; c'était, de l'autre, une bonho-
mie, une bonne humeur condescendante, qui
chassaient rapidement les nuages, les « dragons »
comme aurait dit la marquise.

Une mère aussi exigeante, aussi exubérante
aurait pu facilement devenir, pour son gendre, la
belle-mère la plus odieuse, si l'intelligence et le
tact n'étaient venus à tout moment corriger ce

que l'amour maternel avait d'excessif chez Mme de Sévigné.

Dès l'annonce à Bussy des fiançailles de sa fille, le 4 décembre 1668, M. de Grignan reçoit quelques brocards : « Il faut que je vous apprenne une nouvelle, qui sans doute vous donnera de la joie; c'est qu'enfin la plus jolie fille de France épouse non pas le plus joli garçon, mais un des plus honnêtes hommes du Royaume... »

Et la lettre continue sur ce ton. M. de Grignan est deux fois veuf. « ... Toutes ses femmes étant mortes pour faire place à votre cousine ». Son père et son fils « ayant eu la bonté extraordinaire » de disparaître, il dispose d'une fortune bien assise.

Voici qui est mieux, car l'attaque cette fois est directe. A la naissance de la première fille, Marie-Blanche, celle qui devait entrer en religion, Mme de Sévigné écrit à son gendre une des plus délicieuses lettres de la correspondance, celle du 19 novembre 1670, et elle la termine par ce trait :

« Les médisants disent que Blanche d'Adhémar ne sera pas d'une beauté surprenante; et les mêmes gens ajoutent qu'elle vous ressemble. Si cela est, vous ne doutez que je l'aime fort. »

Après l'égratignure, le baume adoucissant. Ces plaisanteries sur le physique quelque peu ingrat de M. de Grignan devaient revenir à tout moment. La candide du Plessis, cette amie des Rochers, qu'on ridiculise volontiers — celle qui a mérité le surnom de Mademoiselle de Kerlouche — n'avoua-t-elle pas un jour, naïvement, qu'elle a toujours ouï dire que M. de Grignan était le plus beau garçon qu'on eût pu voir. Elle avait pris pour argent comptant les mots plaisants de la belle-mère.

A défaut de traits réguliers, M. de Grignan en impose par sa prestance : « Un grand homme, fort bien fait, laid.... » dit Saint-Simon.

Mme de Sévigné parle de sa belle allure en regrettant que le jeune marquis de Grignan, quoique joli garçon, n'ait pas la taille de son père. (Lettre du 22 février 1690.)

On voit d'ici un homme exceptionnellement vigoureux (il vécut jusqu'à quatre-vingt-cinq ans, exerçant effectivement son commandement, restant

à cheval à soixante-dix-huit ans, un jour entier
aux côtés du maréchal de Tessé, lors des opérations contre le duc de Savoie); cavalier élégant,
adroit, jouant bien à la paume et au mail, suivant
le témoignage de sa belle-mère. (Lettre du
15 avril 1671.)

« J'aime ces choses-là », ponctue-t-elle en
badinant.

Elle aime moins le comte dans son rôle de mari.
« M. de Grignan a bien du caquet : il commence
à gratter du pied, cela me fait grand peur.
(6 janvier 1672).... et le 9 mars elle complète sa
pensée : « J'embrasse votre comte ; je l'aime
encore mieux dans son appartement que dans le
vôtre. »

C'est que cette mère attentive s'inquiète de la
possibilité de couches répétées. « Votre maigreur
me tue, écrit-elle à sa fille. Si vous devenez grosse
sur ces entrefaites, soyez assurée que vous voilà
perdue pour toute votre vie, sans en revenir
jamais. »

Ce mari, qui a déjà tué deux femmes, n'est pas
en effet de tout repos. Il a mérité en famille un
surnom, dont d'ailleurs il ne se formalise pas :

le Matou. Et dans une des lettres inédites, publiées par M. Capmas, on trouve à l'adresse de M. de Grignan un bonsoir M. de Grippeminaud, qui indique, sans contestation possible, qu'il entrait lui-même dans la plaisanterie. Son fils, le marquis de Grignan, ne devient-il pas dans la suite, le petit Minet ?

Donc, coq ou matou, sa réputation est bien établie. Et si sa belle-mère en parle avec tant de légèreté et de craintes à la fois, il est facile de comprendre que des fredaines de son gendre au dehors ne la choqueraient qu'à moitié.

Ainsi pourrait s'expliquer l'indulgence avec laquelle elle s'occupe à différentes reprises des galanteries de M. de Grignan. Voici par exemple, deux lettres, celles du 19 et du 26 juillet 1677, faisant allusion à trois de ses maîtresses, à Aix. Pur badinage — écrit un des biographes les plus scrupuleux de la marquise. Qui nous empêche de croire, au contraire, que ces aventures ne sont nullement imaginaires et rassurent en quelque mesure le cœur inquiet de Mme de Sévigné. Elle y aperçoit un dérivatif utile, justifiant de sa part toutes les indulgences, alors que sa pauvre fille a déjà

subi six couches en neuf ans. Mais laissons ce
sujet délicat.

Quelques traits recueillis encore çà et là confir-
ment la cordialité des rapports du gendre et de
la belle-mère et complètent la physionomie de
M. de Grignan. Ici on entrevoit sa touffe ébourif-
fée, un peu plus loin son double menton, sa barbe
épineuse et cruelle, — sa barbe de capucin —. La
verve de Mme de Sévigné ne désarme pas. Au-
rait-on le mauvais goût de soupçonner des tons
ironiques dans ces propos familiers ? On aurait
bien tort, et pour rassurer le gouverneur de Provence « On l'embrasse de tout son cœur, car malgré tant de nuages et de naufrages, on l'aime toujours. »

Dans cette famille unie et fastueuse des Grignan, il faut faire maintenant une petite place
aux oncles et aux frères, qui sont fréquemment
les hôtes du gouverneur de Provence, et qui, à
certaines époques, contribuent aux dépenses, —
disons même aux dilapidations du comte et de la
comtesse. En première ligne, par droit d'aînesse,
l'archevêque d'Arles, prélat de bonne et solide
compagnie, qui meurt à quatre-vingt-six ans, en

1689, et s'est trouvé par conséquent associé à toute
la vie de Grignan pendant presque toute la
période sur laquelle s'étend la correspondance. Il
exerce sur son neveu une influence salutaire.
Homme d'ordre, c'est lui qui maintient la règle
et le calcul dans la maison. Mme de Sévigné s'inquiète de l'avenir, quand il ne sera plus là. Qui
mènera la barque, qui empêchera le naufrage ?
Ce bon et digne patriarche a lutté toute sa vie.
contre les prodigalités du ménage. Aussi, à sa
mort, les regrets exprimés par la marquise sont-ils
sincères: « ... Il n'y en a plus de cette vieille
roche. »

En second lieu, Jacques d'Adhémar de Monteil,
frère du précédent, abbé de Saint-Georges d'Angers. et évêque d'Uzès, le plus habile et le meilleur ami du monde. Il a, aux yeux de la mère,
un grand mérite, celui de vanter, dès l'arrivée de
Mme de Grignan, ses qualités et de se réjouir des
honneurs qu'on lui rend en Provence.

Il déclare, avec quelque hyperbole, que depuis
Saint-Trophime, on ne vit à Arles une nièce aussi
parfaite. Quelques mois après, il va à son abbaye
près d'Angers, et de là, expédie aussitôt aux

Rochers un exprès pour annoncer sa visite et donner sans tarder des nouvelles de Grignan. La
satisfaction que procurent d'aussi aimables procédés éclate dans la lettre du 11 octobre 1671 :
« Il dit que vous êtes adorable et adorée de tous
les Grignan... Mon oncle est comme je le souhaite,
sur votre sujet: Dieu nous le conserve. » Malheureusement ce vœu ne fut pas exaucé, car l'évêque
d'Uzès mourut trois ans après, à Grignan. le
13 septembre 1674.

*
* *

Passons maintenant aux neveux : Jean-Baptiste
Adhémar de Monteil, coadjuteur d'Arles, et
Louis-Joseph Adhémar de Monteil, le bel abbé,
qui devint évêque d'Evreux et, plus tard, de Carcassonne.

Les rapports avec le premier sont d'abord
pleins d'aménité et de confiance, de familiarité
même, puisqu'on lui donne le nom de Pierrot ou
de Seigneur Corbeau ; et lorsqu'on veut être plus
respectueux, on le désigne, en badinant encore,
sous le nom de M. de Claudiopolis, siège dont il

était titulaire in-partibus. Il reste· le cher coadjuteur, le parent de grand sens et de bon esprit,
jusque vers l'année 1688, où le vent tourne brusquement. A cette époque, les trois frères ont entrepris de grands travaux à Grignan; le coadjuteur
s'est chargé de la construction d'un corps de logis
et M. de Carcassonne de celle d'un autre bâtiment, le tout sur les dessins de Mansart. C'est
alors que les rapports s'enveniment, que l'aigreur
se manifeste, surtout chez Mme de Sévigné. Elle
blâme cette fureur de bâtir et de débâtir, les
dépenses et le désordre qui en résultent.

Vers la même époque, le train du jeune marquis
de Grignan, auquel on vient d'acheter un régiment, exige de grands sacrifices : or les oncles se
dérobent, et cette parcimonie paraît inexplicable
à la grand'mère qui, de loin, suit les événements
et se trouve elle-même bien désargentée, dans sa
Bretagne... « Vos prélats sont admirables, l'un
passionné pour l'ingrate truelle... » Ils négligent
de soutenir l'honneur du nom et de donner à leur
unique neveu les moyens de faire honorablement
figure à l'armée.

Quelle différence avec le vieil oncle, le bon

archevêque d'Arles, qui a toujours largement contribué, par son crédit et par sa bourse, au maintien du prestige des Grignan. On a vu déjà l'hommage mérité rendu à sa méroire, par Mme de Sévigné, qui vante sa rare vertu, son grand esprit, son cœur parfait de grand prélat. (Lettre du 18 mars 1689.)

Les commentaires concernant le coadjuteur, devenu à son tour archevêque d'Arles, sont d'un tout autre ton à la fin. On lui souhaite « de longs remords et une compagnie de dragons ».

* * *

On constate, naturellement la même évolution, dans les relations avec le bel abbé, second frère de M. de Grignan. Ce ne sont au début que gracieusetés et échange de bons procédés. Puis le refroidissement survient, pour les mêmes raisons, et l'on recueille dans une des lettres inédites, publiées par M. Capmas, un mot bien cruel et bien symptomatique à son sujet. « Ce n'est pas un homme, c'est une belle et grande machine où il manque un ressort. S'il avait une âme, il aurait été touché de l'état où on lui représente notre pauvre marquis. Je ne vois pas pourquoi, il boude contre vous, si ce n'est pas l'ancienne raison. »

Che offende, non pardonna mai
(Qui offense, plus ne pardonne.)

« Par cet endroit il a raison, car assurément il vous offense beaucoup et son nom, et sa maison et lui-même; mais son âme, s'il en a, est ladre. »

Jugement terrible et qui dénote, chez Mme de Sévigné, une liberté d'esprit surprenante; car il s'agit, ne l'oublions pas, d'un évêque, d'un représentant du Christ sur la terre. Et cette bonne chrétienne, attachée, on le sait, aux pratiques de sa religion, sans excès — il faut le reconnaître — admet qu'un dignitaire de l'Eglise, chargé lui-même de la direction des âmes, puisse ne pas avoir une âme ! Ce n'est pas une simple boutade; c'est d'une audace qui frise l'impiété.

L'indépendance de Mme de Sévigné, au point de vue philosophique et religieux mérite au surplus, un examen spécial. Il faudra y insister lorsque le moment sera venu.

Enregistrons pour le moment cette appréciation cruelle sur l'oncle évêque, et constatons qu'il y avait de bonnes raisons pour que Mme de Simiane refuse au chevalier de Perrin l'autorisation de publier intégralement la correspondance de sa grand'mère.

Sans le hasard providentiel qui a conduit M. Capmas dans la boutique de l'antiquaire de Dijon, un bien curieux repli de la mentalité de Mme de Sévigné nous eût été éternellement caché.

*
* *

Pour compléter la galerie de famille, il faut maintenant dire un mot, du petit marquis de Grignan.

Ah ! Comme après avoir été une mère parfois excessive, Mme de Sévigné a su facilement acquérir l'art d'être une grand'mère attentive et tendre, et pourtant clairvoyante ! A dix-sept ans le marquis est à l'armée de Monseigneur, sur le Rhin; il prend part au siège de Philippsbourg. C'est aux yeux de sa grand-mère un petit homme considérable, qui fait son devoir aussi bien que pas un autre.

Et ce sont des compliments sans fin pour le petit capitaine, notre petit héros, notre petit colonel.

Avant de quitter Paris, il a été couvé par Mme de Sévigné, qui l'appelle alors familièrement « le petit Minet » et le mène dîner chez des amis pour leur dire adieu, chez Mme de Chaulnes, chez Mme de Coulanges.

Une fois son petit-fils parti, elle est dans des transes continuelles; elle le suit dans ses déplacements; elle « prend avec lui Philippsbourg », et, comme elle a le cœur bien placé, elle préfère encore le danger pour le marquis, et les émotions pour elle, à la honte de le savoir à l'abri, dans quelque coin protecteur. Ah ! certes, elle n'aime pas les embusqués et comme elle a su les fustiger, dans des lettres précédentes. En 1675, lorsque toute la France est secouée par la mort de Turenne, elle a aperçu un jour à la messe le comte de Fiesque et quelques autres qui assurément n'y avaient pas bonne grâce, alors que toute la noblesse était en Allemagne.

Et elle stigmatise vigoureusement ces petits messieurs qu'on voit à la messe et à qui on voudrait bien donner « d'une vessie de cochon sur le nez ». Et antérieurement, en 1672, quand Charles son fils lui-même était au front, elle avait déjà marqué au fer rouge, le duc de Sully, se rendant tranquillement dans ses terres, quand les autres étaient au danger. (29 avril 1672).

Le marquis de Grignan, digne fils de sa race, ne se dérobe pas, lui. Entre temps, il vient à Versailles et s'y divertit fort. On prend quelquefois à la cour, la liberté de l'appeler le « petit Matou » ou le « petit Minet ! »

Mme de Sévigné écrit à Mme de Grignan que son fils est fort aimable et fort joli. S'il n'a pas la taille de son père, c'est pourtant un gros garçon fort agréable.

Mais ce brillant militaire a peu de goût pour la lecture, et combien la grand'mère le regrette ! « Je plains ceux qui n'aiment pas la lecture, votre enfant est de ce nombre jusqu'ici ».

*
* *

Tels sont à grands traits et rapidement esquissés, quelques-uns des principaux hôtes du château de Grignan.

Jetons maintenant un coup d'œil sur les villes de la province. A vrai dire, elles n'ont pas la sympathie de Mme de Sévigné.

Ces cités, plus éloignées encore, augmentent les distances entre les deux femmes, simple affaire d'imagination d'ailleurs. Le vrai grief, c'est qu'on s'y rend pour les Etats ou pour les fêtes de l'hiver, et que c'est une nouvelle source de dépenses et de fatigues.

Lambesc est une petite ville étouffée, où peut-être il y aura des maladies et du mauvais air, écrit la mère inquiète, qui ne craint pas d'ailleurs de se contredire en regrettant que sa fille ait abandonné la belle maison, la belle vue, et le bel air de Grignan. Elle oublie ce jour-là la bise qui la tourmente tant d'ordinaire.

A une autre date, elle déplore que sa fille ait été appelée plus avant en Provence : elle redoute pour elle l'excès des compliments et des visites.

Aix n'est pas mieux traitée. La dépense y est excessive; c'est un tourbillon mondain, auquel on

14

ne peut se soustraire. L'hiver est évidemment impraticable à Grignan, mais il est ruineux à Aix. (Lettre du 21 février 1680). A l'heure du carnaval, c'est une horrible dépense. « C'est une étrange chose d'avoir à réparer six mois de suite les dépenses d'un hiver à Aix. Le seul endroit où l'on pourra reprendre haleine est Paris où la dépense est réglée. A Aix la dépense est une furie. »

On ne peut d'ailleurs rien obtenir de M. de Grignan à cet égard. « M. de Grignan ne se résoudra jamais à ne point passer ces trois mois à sa bonne ville d'Aix. » Il aime assurément le plaisir et il ne cherche que des prétextes : quand le duc de Vendôme, gouverneur en titre, doit venir en Provence, c'est en son honneur que l'on donne des fêtes, et quand M. de Grignan le remplace, c'est pour tenir personnellement son rang dans des conditions honorables.

A côté des récriminations de sa belle-mère et de son témoignage d'ailleurs suspect sur les petites villes provençales, on découvre par endroit de véritables perles. C'est, ainsi, une certaine messe de minuit à Lambesc, où la Marquise entendit, à son grand étonnement, un homme chanter, dit-elle, un de nos airs profanes. Quelque chanson populaire, sans doute, bruyante et triviale.

A noter surtout, cette vivante esquisse de Marseille, digne d'un maître impressionniste : « Je demande pardon à Aix, mais Marseille est bien plus joli, et plus peuplé que Paris à proportion ; il y a cent mille âmes au moins ; de vous dire combien il y en a de belles, c'est ce que je n'ai pas le loisir de compter ; l'air en gros y est un peu scélérat. » Elle aime cette ville qui ne ressemble à aucune autre.

Le lendemain, coup de mistral : « Le diable est déchaîné en cette ville ; de mémoire d'homme, on n'a vu de temps si vilain. » Ce qui n'empêche les réjouissances de suivre leur cours.

« Le gouverneur me donne des violons que je trouve très bons, il vient des masques plaisants ; il y avait une petite Grecque fort jolie. Votre mari tournait tout autour, ma fille, c'est un fripon... »

Et voilà nos premiers soupçons confirmés ; M. de Grignan, décidément, n'était pas le modèle des maris.

XII

LES CONCLAVES

Conclave de 1655

XII

Les Conclaves. — 1655

A plusieurs reprises, Mme de Sévigné regrette de ne pas avoir à sa disposition l'hippogriffe, le cheval ailé du Roland furieux, pour franchir rapidement les distances et se transporter au loin.

Il faut ici formuler le même regret, ou plutôt, recourir avec quelque audace à la même image, pour aller retrouver sur les routes de Bretagne le duc et la duchesse de Chaulnes excursionnant avec leur amie entre Vannes et Auray, non loin des alignements de Carnac.

Il s'agit d'un moment historique qui va nous permettre d'aborder la politique religieuse de Louis XIV, et de nous rendre compte, par la même occasion, de l'ambiance dans laquelle vivaient à ce point de vue Mme de Sévigné et ses contemporains.

Le 13 août est arrivé à Hennebont un courrier de Louvois convoquant M. de Chaulnes a Versailles. Le duc est mandé pour les affaires de Rome, où il va être envoyé en mission pour la troisième fois.

Aventure flatteuse, mais en somme banale pour un négociateur dont l'habileté est reconnue. Bossuet, dans un beau développement oratoire, y verrait sans doute un acte de la puissance divine, marquant ses volontés aux pauvres mortels.

Mme de Sévigné, elle-même, pourrait y reconnaître un de ces caprices de la Providence, auxquels elle restait si gentiment soumise. Nous devons plus simplement penser que ce gros homme à l'esprit délié est relancé dans un des coins les plus éloignés de son gouvernement breton à cause de la finesse et de l'habileté dont il a fait preuve à plusieurs reprises dans les milieux du Vatican. Il a concouru indirectement à l'exaltation des deux précédents Papes; c'est un spécialiste des conclaves, disons le mot franchement, c'est un excellent agent électoral, d'un ordre supérieur, si l'on veut, et c'est son savoir-faire que le monarque désire utiliser encore une fois, lorsque la vacance du Saint-Siège, qui semble imminente, se produira.

La place du duc de Chaulnes n'est plus momentanément en Bretagne, elle est à Rome, où nous nous disposons à le suivre.

*
**

Cependant, au moment où l'on va essayer de surprendre, grâce à lui, le mécanisme d'un conclave, il est bon de se placer préalablement dans l'état d'esprit des milieux français et romains, à l'heure où doivent s'ouvrir les négociations. On aurait d'ailleurs une vue très insuffisante des choses, si l'on se bornait à arriver dans la Ville Eternelle avec notre ambassadeur et à limiter l'examen à sa mission actuelle. Il est nécessaire de remonter plus haut et, en jetant un coup d'œil sur le passé immédiat, de bien préciser la nature des rapports de la cour de Versailles et de la Papauté.

En premier lieu, rappelons que malgré des intérêts communs et un respect réciproque pour les deux principes représentés par la monarchie et le Saint-Siège, de graves conflits avaient souvent séparé les deux puissances. Sans remonter aux difficultés résolues par les Pragmatiques Sanctions ou les Concordats, n'oublions pas que, souvent, des frottements se produisaient entre Rome et Paris, et que l'on n'hésitait pas à recourir, dans certains cas, à la manière forte.

Ainsi, lorsque le cardinal de Retz fut incarcéré, le Pape tenta une protestation et envoya l'archevêque d'Avignon, Marini, comme Nonce extraordinaire, pour demander son élargissement immédiat. Marini ne put dépasser Valence où il reçut une lettre de cachet lui ordonnant de rebrousser chemin. La prétention qu'avait chacun des deux pouvoirs de rester maître absolu, et les empiètements inévitables qui se produisaient, amenaient donc des conflits incessants. Avec des hommes comme Richelieu et Mazarin, plus laïcs qu'ecclésiastiques, malgré le costume, et des tempéraments autoritaires comme Louis XIV, la Papauté devait souvent composer. Examinons rapidement la position de chacun, au cours des quarante années écoulées depuis le début du règne. Le retour en arrière donnera une grande clarté aux intrigues des conclaves auxquelles le duc de Chaulnes va se trouver mêlé.

Lorsque le cardinal de Retz arriva à Rome après son évasion de Nantes et ses aventures à Belle-Ile, en Espagne et dans la Méditerranée, il trouva au Vatican un accueil sympathique. Le Pape et les cardinaux, par esprit de solidarité, étaient profondément choqués de l'attitude de la cour de France à l'égard d'un prince de l'Eglise.

Aussi le premier acte du Saint-Père fut-il de convoquer un consistoire pour remettre solennellement le chapeau au cardinal de Retz, malgré les manœuvres de l'ambassadeur de France et l'opposition de la faction d'Este, qui recevait alors ses inspirations de Paris. Le tour fut même agréablement joué et prend un air de pantalonnade qui donne bien la note de certaines intrigues sous le ciel romain.

Retz avait été avisé que le cardinal d'Este, protecteur de France, devait, suivant les instruccions reçues, s'opposer par tous les moyens à son séjour à Rome. Les coups de main et la violence n'étaient pas exclus du programme. Averti de cette menace par l'abbé Charrier, le cardinal avait naturellement fait transmettre l'information au Saint-Père, qui, de son côté, donna des ordres nécessaires à la garde corse et aux Suisses pour le protéger. Le danger étant conjuré de ce côté, restait à régler la cérémonie du Consistoire.

Innocent X prescrivit à Retz de feindre une maladie : cela lui fut d'autant plus facile qu'il souffrait encore de son épaule démise (on n'a pas oublié sa chute de cheval en quittant Nantes) et que au vu et au su de tous, il était soigné par le chirurgien le plus réputé de Rome, Nicolo. Le cardinal se mit donc au lit, tandis que le pape convoquait le Consistoire, sous un prétexte quelconque. A peine les cardinaux d'Este et des Ursins avaient-ils pris séance, qu'ils virent le maître des cérémonies introduire Retz et le pape donner des ordres pour la remise solennelle du chapeau. Furieux d'avoir été joués, ils abandonnèrent la place. « L'on ne peut s'imaginer, ajoute Retz, l'effet que ces sortes de pièces font en faveur de ceux qui les jouent bien, dans un pays où il est moins permis de passer pour dupe qu'en lieu du monde. »

Et ce n'est pas pour la vaine satisfaction de rapporter un fait amusant que nous empruntons au terrible écrivain cette anecdote d'ailleurs typique, c'est parce qu'elle situe dès maintenant plusieurs de nos personnages et qu'elle donne aux scènes qui vont suivre toute leur signification.

Quelques semaines après, Innocent X mourait. La situation de Retz dans le Conclave allait être particulièrement délicate. Cardinal français, il était désavoué par sa Cour ; le chef de la faction de France, le cardinal d'Este, avait ordre du roi de ne pas communiquer avec lui. Où prendre ses inspirations ? Malgré l'ostracisme dont il se sentait atteint, il chercha à se rapprocher des cardinaux français ; ce fut sans succès. D'autre part, la faction d'Espagne, à la tête de laquelle se trouvait le cardinal de Médicis, lui faisait des avances auxquelles, en bon patriote, il refusa de répondre.

Dans ces conjonctures, un groupe indépendant formé de cardinaux ardents et intelligents, sans obligation envers aucune couronne, se constitua sous le nom d'escadron volant. Ils étaient dix ; ce n'était qu'une minorité, mais une minorité disciplinée, avec un programme hautement honorable, celui de combattre le népotisme. En « volant » d'une fraction à l'autre, ils étaient à même de jouer un rôle décisif et d'assurer le succès, au moment opportun. Il était dans la destinée et dans

le tempérament de Retz d'entrer dans l'escadron.
On l'y admit « avec toutes les honnêtetés imaginables », déclare-t-il ; nous ne pouvions souhaiter
un témoin plus clairvoyant. certains diraient plus
cynique, des intrigues qui vont se poursuivre pendant quatre-vingts jours.

Le candidat de l'escadron volant fut, dès
l'abord, le cardinal Chigi. Mais il ne fallait pas
se découvrir trop tôt vis-à-vis de factions puis-
santes, qui voulaient imposer l'homme de leur
choix. Le jeu consista, pour l'escadron volant, à
voter dans les premiers scrutins pour Sachetti, le
candidat de la faction de France et du groupe
Barberini. Pourquoi ce subterfuge ? Afin de se
concilier le cardinal Barberini et ses créatures, de
les avoir en main, au moment favorable, et de les
entraîner alors vers un autre candidat.

Opération hasardeuse, évidemment, mais qui
fut justifiée par le succès. Donc on vota dans ces
conditions pendant des jours et des jours, et
chaque scrutin donnait trente-deux ou trente-trois
voix à Sachetti, le favori du moment. Les voix des
Espagnols, des Autrichiens et de quelques isolés,
se portaient sur divers candidats : voix perdues,

suivant le langage électoral. Chaque parti s'obser-vait ainsi, cherchant le défaut de la cuirasse. La candidature Chigi restait dans l'ombre, jusqu'à nouvel ordre ; l'escadron voulant alors uniquement gagner du temps et ne devant se découvrir que lorsqu'on pourrait obtenir de la lassitude des vo-tants un scrutin décisif.

On va voir que la manœuvre fut bien conduite. Les premières défections, ou plus exactement, les premiers mouvements d'humeur et d'impatience, se manifestèrent autour de Barberini.

Quelques imprudents, quelques jaloux tinrent dans son entourage des propos qui donnèrent l'alarme. Barberini, inquiet de ses troupes, fut ébranlé ; il se rendit compte de l'impossibilité, d'assurer une majorité à son candidat, et, tout doucement, il fut amené sur le chemin des con-cessions.

Par un travail analogue, il fallait déteiminer la même évolution chez les cardinaux attachés à la couronne d'Espagne et chez ceux que d'autres intérêts pouvaient dominer.

L'escadron volant qui ne comptait que des per-sonnalités habiles et agissantes s'y employa.

Retz a fixé d'un pinceau très sûr la physionomie de chacun de ses complices : laissons-lui pour un moment la parole.

« ... Il faut avouer qu'il n'y a peut-être jamais eu de concert où l'harmonie ait été si juste qu'en celui-ci, et il semblait que tous ceux qui y entraient ne fussent nés que pour agir les uns avec les autres. L'activité d'Impériali y était tempérée par le flegme de Lovelin ; la profondeur d'Ottoboni (le futur Alexandre VIII) se servait utilement de la hauteur d'Aquaviva. La candeur d'Omédei et la froideur de Gualtiéri y couvraient, quand il était nécessaire, l'impétuosité de Pio et la duplicité d'Albizi ; Azolin. qui est un des plus beaux et des plus faciles esprits du monde, veillait avec une application d'esprit continuelle aux mouvements de ces différents ressorts, et l'inclination que Messieurs les Cardinaux de Médicis et de Barberini, chefs des deux factions les plus opposées, prirent pour moi d'abord, suppléa dans la rencontre, en ma personne, au défaut des qualités qui m'étaient nécessaires pour y tenir mon coin. »

Nous voilà donc exactement renseignés sur les personnages du premier plan.

Guy Joli, un des conclavistes du cardinal de Retz, mêlé par conséquent à ces intrigues, rapporte dans ses mémoires quelques détails complémentaires bien savoureux. Tandis que la faction d'Este donnait régulièrement 32 ou 33 voix à Sachetti, sans pouvoir atteindre le chiffre nécessaire pour amener un résultat, soit les deux tiers des votants, les Espagnols continuaient à disperser leurs suffrages ; et, lorsqu'après le premier scrutin, on passait à l'accessit, ils inscrivaient régulièrement leur bulletin : « *Accedo nemini* »

On sait, en effet, qu'après la proclamation du premier résultat, les cardinaux ont la faculté de reporter leurs suffrages, sur le candidat qui a réuni déjà un chiffre important de voix, de telle façon qu'aux 32 voix acquises à Sachetti, pouvaient s'ajouter des suffrages nouveaux, par la formule « Accedo Sachetti »... Mais la discipline était si complète dans chaque faction qu'on persistait à refuser l'accessit et que les dissidents continuaient à inscrire « *Accedo nemini* »... « Je ne donne l'accessit à personne. »

Il y avait dans ce conclave un loustic, le cardinal Cési, qui faisait des mots. Lui-même avec sa figure de vieille femme et une mine de chatré, dit Joli, on l'appelait « La Vecchia, la vieille ». Il dit un jour qu'il n'y aurait pas de pape, si le cardinal Némini et le cardinal Trente-tre (les trente-trois voix fidèles à Sachetti) ne s'accommodaient ensemble.

Pour venir à bout de l'entêtement des parties, il fallait atteindre quelques électeurs au point faible. Les habiles de l'escadron volant s'en chargèrent. On détacha d'abord de la faction de France le cardinal Ursin qui attendait depuis longtemps le règlement d'un reste de pension de mille écus dont Lionne, maladroitement, différait le paiement ; on le gagna facilement, en lui faisant offrir la somme par le cardinal Médicis.

D'autre part, Barberini, propriétaire de grands biens dans le royaume de Naples, s'en était vu déposséder par les ministres du roi d'Espagne. Or il cherchait de ce côté des accommodements et il attendait de Madrid des assurances de réparation. Dès qu'elles lui furent parvenues et qu'il put entrevoir la main-levée sur ses biens, Barberini, moins inquiet, se prêta à un rapprochement avec ses adversaires.

Enfin les cardinaux français avaient exposé la situation à Mazarin et fait notamment valoir l'impossibilité de prononcer l'exclusion contre un candidat de la dernière heure, tel que Chigi, si l'on voulait éviter que la France restât complètement isolée.

Le fruit était mûr ; il n'y avait plus qu'à le cueillir : Chigi fut élu, le 7 avril 1655, à l'unanimité ; il prit le nom d'Alexandre VII.

XIII

Affaire de la Garde Corse

Conclaves de 1667, de 1670, de 1676

XIII

Affaire de la Garde Corse

Conclaves de 1667, de 1670, de 1676

Pour trouver à ces récits quelque agrément et
y apercevoir tout le sel qui s'y trouve contenu,
il faut évidemment posséder une âme dégagée de
toute croyance étroite ou de toute opinion préçon-
çue. Ceux qui voudraient pénétrer, à la suite de
Retz et plus tard du duc de Chaulnes, dans les
coulisses des conclaves avec un esprit trop absolu
ou une susceptibilité religieuse en éveil, ne tar-
deraient pas à se hérisser contre certaines vérités,
trop crues à leur gré; ces pages ne sont évidemment pas écrites pour eux. Mais ceux qui hésitent
à voir dans le choix d'un Pape une opération du
Saint-Esprit, et qui ne refusent pas de s'amuser de l'humaine comédie, partout où elle se joue,
voudront bien continuer à nous suivre pour com-

prendre la position de la France dans les débats qui allaient motiver l'intervention diplomatique du duc de Chaulnes.

*
* *

Prêtre sans convictions, prélat areligieux et amoral, dirait-on aujourd'hui, politicien détestable au temps de la Fronde, de Retz devint ultérieurement un diplomate officieux de premier ordre (1).

Autant sa conduite dans la première partie de sa vie fut blâmable et, somme toute, préjudiciable à la tranquillité publique, autant, dès qu'il devint à Rome le négociateur secret du roi, il rendit à son pays les plus éminents services.

---

(1) Le supplément à la correspondance du cardinal de Retz, dû aux patientes recherches de Claude Cochin à Rome, Florence, Modène, etc. (XIe volume de l'Edition des grands Ecrivains, qui vient de paraître), ne modifie sur aucun point essentiel ce qu'on savait du cardinal, de ses missions diplomatiques et de son rôle dans les Conclaves. On lira cependant avec intérêt et profit les documents recueillis par le regretté Claude Cochin et le Commentaire éclairé qui les accompagne

Que, dans ce rôle, il ait encore fait preuve parfois d'un manque absolu de scrupules, que sa connaissance des hommes et son mépris du monde romain l'aient parfois entraîné un peu loin, d'accord. Mais, alors, il s'inspirait des vues de son souverain et il poursuivait pour la France une politique réaliste, capable d'assurer les résultats désirés. On doit le juger ici, non plus sur son costume, mais d'après ses actes, et ne plus voir en lui que le bon Français parlant dans des milieux hostiles ou prévenus, le langage courageux qui convient.

Avant même sa réconciliation avec la cour de France, il sut, dans les circonstances délicates, trouver l'attitude et les accents nécessaires. Ainsi, au cours du conclave de 1655, l'ambassadeur d'Espagne ayant fait présenter un mémoire dans lequel il donnait à son maître le titre de fils aîné de l'Eglise, aucun des cardinaux français n'éleva de protestation, bien que cette qualité eût été toujours reconnue au seul roi de France. Retz, quoique isolé et désavoué par ses compatriotes, s'éleva contre la prétention de l'Espagne, dans des termes pleins de dignité :

« Si les cardinaux attachés aux intérêts du roi de France manquent à leur devoir, dit-il, je ne veux pas manquer au mien, la rigueur avec laquelle je suis traité ne devant jamais étouffer dans mon cœur les sentiments que je nourris pour l'honneur et l'intérêt de mon prince ».

On doit savoir gré à un homme aussi passionné que le cardinal de Retz d'avoir fait taire ses rancunes devant le devoir patriotique.

Ses difficultés avec le ministère français durèrent jusqu'à la mort de Mazarin, en 1662. A cette époque, la poursuite dont il était l'objet auprès de la cour de Rome pour crime de lèse-majesté fut abandonnée. De son côté, se sentant plus en sécurité, il consentit à donner sa démission d'archevêque de Paris, pour mettre fin au conflit. Il se retira à Commercy. Mais, suivant un accord secret, il devait rester à la disposition du monarque, pour se rendre à Rome, chaque fois que les intérêts de la France l'exigeraient.

Dès la fin de l'année 1662 on a recours à son expérience pour aplanir le différend qu'a fait naître l'affaire de la garde corse.

L'affaire de la garde corse avait pour origine un incident regrettable, qui serait resté facilement localisé, si des passions extérieures n'étaient venues l'envenimer. Les faits sont d'ailleurs diversement rapportés par les contemporains.

On sait que les ambassadeurs jouissent du bénéfice de l'exterritorialité, ce qui veut dire, en langage vulgaire, que dans le palais qu'ils occupent, ils sont considérés, par une fiction diplomatique, comme étant toujours sur le territoire de leur propre pays.

L'ambassadeur de France jouissait alors à Rome d'un privilège qui s'étendait au-delà du palais Farnèse, sur les environs immédiats de l'ambassade. Il y exerçait un véritable droit de police, exclusif de toute autre intervention, si bien que les sbires et les soldats du Pape devaient s'abstenir d'y pénétrer. Le duc de Créqui, notre représentant, ayant eu des démêlés avec le frère du Pape, don Mario, général des armées de l'Etat romain, ce dernier excita la garde corse à la solde du Vatican et la poussa à des mesures de provocation. Le territoire neutralisé autour du palais Farnèse fut violé à plusieurs reprises; des rixes

éclatèrent, et le 20 août 1662, à la suite d'un incident plus grave, les Corses se jetèrent sur les gens
du duc de Créqui, firent feu sur le carrosse de
l'ambassadrice et assiégèrent pendant trois heures
le palais Farnèse. Telle est du moins la version
admise par la plupart des historiens.

Guy Joli expose l'affaire dans des termes quelque peu différents, qui déplacent les responsabi-
lités et rendent l'attitude de la garde corse plus
explicable. D'après lui, notre ambassadeur aurait
commis la faute d'emmener à Rome un bretteur
des plus déterminés qui, un jour, provoqua sans
raison plusieurs Corses et les froissa profondément; ceux-ci résolurent de s'en défaire. Les
Corses, on le sait, ne sont pas hommes à suppor-
ter l'injure; leur honneur volontiers ombrageux
et l'esprit de solidarité qui les anime, lorsqu'ils
croient qu'on veut y porter atteinte, les poussent
alors aux pires extrémités. Le bretteur, averti, sut
se soustraire à la vendetta. Mais ses adversaires
dirigèrent leur animosité contre le duc de Créqui,
son maître, et le rendirent responsable des provo-
cations. D'où les violences commises contre notre
ambassadeur. Quoi qu'il en soit, et quelle que

fût l'origine de ce déplorable incident, le mal fait, il fallut le réparer : l'honneur de la France était engagé.

Le duc de Créqui, n'ayant pu obtenir des excuses immédiates, quitta Rome et se retira en Toscane.

Louis XIV exigea, tout d'abord, des réparations éclatantes : envoi à l'ambassadeur d'un propre neveu du Pape, pour faire amende honorable ; désignation d'un nonce extraordinaire, chargé d'aller porter au roi les excuses d'Alexandre VII ; châtiment exemplaire des officiers présents à l'attentat et de vingt des soldats les plus coupables ; érection d'un monument expiatoire...

Pour appuyer ses exigences par une démonstration militaire, Louis XIV donna même l'ordre d'envoyer des troupes. C'est alors que le cardinal de Retz est consulté et que, par ses suggestions, il fait modifier complètement le programme de représailles.

Il adresse au roi en octobre 1662 un mémoire démontrant qu'avant de recourir aux mesures militaires, la France dispose d'autres moyens de pression. On peut, par exemple, empêcher l'argent de France de passer à Rome ; on peut aussi demander au Parlement d'Aix de prononcer le retour d'Avignon à la couronne.

L'avis de Retz fut suivi ; le vice-légat du pape fut ramené à la frontière de Savoie, et des commissaires du Parlement d'Aix prirent possession du Comtat au nom du roi.

Cette affaire ne fut définitivement réglée qu'en 1664, par un accord signé à Pise, et après une nouvelle menace de Louis XIV de recourir au suprême argument des armes, si le Saint-Siège ne cédait pas.

Un commencement d'exécution avait immédiatement suivi l'ultimatum : les avant-gardes de nos troupes campaient déjà dans le Parmesan et à Modène.

*
* *

D'autres motifs de conflit ne tardèrent pas à surgir : d'abord les controverses soulevées par le jansénisme, puis la question des franchises ou de l'immunité des ambassadeurs, renaissant sous diverses formes ; enfin et surtout, les divergences essentielles résultant de la doctrine du gallicanisme et du point de vue de Rome.

Aussi la présence de Retz est-elle nécessaire dans la Ville Eternelle dès l'année qui suit l'accord de Pise, pour entamer de nouvelles négociations. Sa correspondance avec Lionne permet de suivre la marche des pourparlers. Voici d'abord un incident amusant entre des Français et des Danois dans un jeu de paume. Le cardinal de Retz l'expose un peu longuement et dans un langage qui gagnerait à être moins amphigourique ; on lira cependant avec intérêt sa lettre, parce qu'elle souligne les rivalités des ambassadeurs et leurs prétentions quant à la question des franchises, et surtout parce qu'elle évoque une scène évoluant autour de la place d'Espagne, un des coins de Rome affectionnés par les touristes de tous les temps.

« Monsieur,

« Deux Français qui sont ici se prirent hier de querelle dans un jeu de paume avec un autre Français et deux Danois, et la chose fit assez de bruit pour obliger le gouverneur de leur donner des gardes. et de commander aux uns et aux autres, sous peine de la vie, de ne point sortir de leurs maisons. L'ambassadeur d'Espagne leur envoya, un quart d'heure après, son maggiordome pour leur dire que, ne pouvant plus longtemps souffrir les sbires dans la place d'Espagne, il leur demandait leur parole, et les priait de le venir trouver, pour les accommoder. Les Danois et le Français qui était avec eux firent ce que le maggiordome leur proposait. Les deux autres lui répondirent que l'ordre du gouverneur ne le leur permettait pas, et le maggiordome, ayant insisté avec hauteur et leur ayant dit que cette raison n'était pas bonne, parce qu'étant logés dans la place d'Espagne ils étaient sous la juridiction de l'ambassàdeur, ils lui répondirent qu'ils avaient envoyé leurs amis me donner part de ce qui s'était passé, et qu'ils étaient obligés d'attendre ma réponse. A quoi un gentilhomme napolitain qui était avec le maggiordome répartit que M. l'Ambassadeur ne désagréerait pas que lui et moi accommodassions cette affaire. Ceux que ces deux Français m'avaient envoyés m'étant venus trouver à l'entrée de la nuit, je les menai aussitôt chez M. l'abbé de Bourlemont (auditeur de rote, chargé des affaires de France en l'absence de l'ambassa-

deur) afin qu'il leur ordonnât ce qu'ils auraient à
faire dans une occasion qui pouvait être de quelque conséquence dans la suite, à cause de cette
nouvelle prétention de l'ambassadeur, qui ne va
à rien moins qu'à mettre sous sa juridiction tous
les environs de la place d'Espagne, c'est-à-dire
tout le quartier où, comme vous savez, Monsieur,
tous les Français qui viennent à Rome ont accou-
tumé de se loger. M. de Bourlemont fit réflexion
sur la manière de parler du maggiordome, sur la
situation du logis des Français, qui est à plus de
deux cents cannes de celui de l'ambassadeur, et
sur plusieurs préalables qui n'ont pas dû être
relevés, parce qu'ils ne regardent que les Italiens,
mais qui avec le temps pourraient avoir trait aux
Français, si l'on n'y prenait garde; et il se résolut
pour ces considérations d'ordonner à ces Français,
desquels il avait envoyé prendre la parole devant
que d'avoir su ce qui s'était passé entre eux et le
maggiodorme de l'ambassadeur, il se résolut
dis-je, de leur ordonner de se trouver ce matin
chez moi sur les douze heures, pour être accommodés, quoique je fisse tout ce qui fut en moi pour
l'obliger à le faire lui-même dans son logis. Je

trouvai dans le mien en y retournant le maggior-dome de M. l'Ambassadeur d'Espagne qui me dit que son maître, ayant su que j'avais été informé de cette querelle, me l'envoyait pour savoir ce que je désirais que l'on fît pour l'accommodement, et que n'ayant pu souffrir les sbires dans sa place, il avait demandé la parole à ces messieurs pour avoir lieu d'en faire sortir le barigel. J'eus quelque peine à ne lui point repartir sur ce mot de sa place parce qu'effectivement elle ne se devrait pas s'appeler ainsi, mais plutôt celle de la Trinité des Monts qui est son ancien et véritable nom. Je me retins pourtant et parce que vous savez que l'usage a donné depuis longtemps à cette place le nom d'Espagne et par la considération que nous venions encore de faire depuis un quart d'heure, M. de Bourlemont et moi, de l'avantage que ces usurpations de l'Espagne sur les droits du gouverneur donneront infailliblement par la suite et par leurs exemples aux ambassadeurs de France, et je me contentai de lui répondre qu'aussitôt que j'avais appris ce démêlé, j'avais été trouver M. de Bourlemont pour lui en donner part, qu'il avait désiré que je l'accommodasse, et qu'il avait envoyé

pour cela ordre aux Français de se trouver chez
moi ce matin. Le maggiordome me parut un peu
surpris de cette réponse, et il me dit qu'il lui semblait qu'il serait bon, pour beaucoup de circonstances, que cette affaire se terminât en lieu tiers,
particulièrement à cause que ces messieurs avaient
donné leur parole à l'ambassadeur. Je lui répondis
qu'un Français ne la pouvait donner à aucun autre
qu'à un ministre de son roi, et que moi-même
quoique Français et cardinal national, je ne me
fusse pas mêlé de ce détail, si M. de Bourlemont
ne m'y eut obligé. Mais que puisque il l'avait
désiré je ne souffrirais pas que les Français y
reconnussent quelqu'autre personne que ce pût être
que moi. Il me répartit ces propres mots : « Et
comment ferez-vous pour les Danois ? » Sur quoi
je lui dis que, comme ils n'étaient pas auteurs de
la querelle, je ne les considérais comme gens qui
dûssent être nommés dans l'accommodement, comme
il venait de me dire lui-même, et que, si M. l'Ambassadeur le jugeait pourtant nécessaire, je ne
doutais point que, puisqu'ils les avaient honorés
de sa protection, en ce rencontre, les ayant fait
venir chez lui, il ne contribuât à leur égard, ce que

M. de Bourlemont et moi y contribuions à l'égard
des Français. Le maggiordome n'en demeura pas
là ; mais il me dit avec un peu d'émotion, en se
levant pour me quitter, qu'il s'en allait disposer
ces messieurs à suivre mes ordres, et qu'il jugeait
que ce préalable était au moins nécessaire, à cause
que M. l'Ambassadeur avait paru en cette affaire.
Sur quoi je lui répondis que je le croyais fort
superflu, parce que les Français ne recevraient
aucun ordre que de M. de Bourlemont.

Ils se sont trouvés céans ce matin, et nous les
avons accommodés, M. de Bourlemont et moi, en
louant ceux qui n'avaient point voulu aller chez
l'ambassadeur d'Espagne, et faisant réprimande
à celui qui s'était laissé surprendre par pure jeunesse, et sans aucun mauvais dessein. Nous avons
prié ensuite M. Hugo Maffée d'aller chez M.
l'Ambassadeur d'Espagne, de lui dire que nous
avions accommodé les Français, que nous leur
avions même ordonné, au nom du Roi, de ne rien
demander aux Danois, et que s'il y avait quelque
chose de plus à faire à l'égard de ces derniers
nous ne doutions point qu'il n'eût bien la bonté
de s'y employer. Il nous a fait une réponse fort

civile avec beaucoup de compliments et voilà bien
des paroles pour une bagatelle, mais M. de Bourlemont a souhaité que je rendisse compte au Roi
de tout ce détail.

« LE CARDINAL DE RETZ.

« Rome, ce 22 septembre 1665.

Le cardinal de Retz eut à régler des questions
plus graves. Nous allons le voir aux prises avec
Alexandre VII, au sujet de l'infaillibilité; vieille
querelle qu'une bulle récente et le refus de la Sor-
bonne de l'enregistrer viennent de réveiller.

Dans un entretien de trois heures à Castel Gan-
dolfo, sur le lac d'Albano, Retz tient tête à
Alexandre VII, avec une fermeté, une ingéniosité
et un courage dont la lecture de sa correspondance
peut seule donner une idée. Le Pape pense, à tort,
que Louis XIV a une aversion personnelle contre
lui, et que sa politique religieuse s'en ressent. Retz
le détrompe, et s'efforce de faire comprendre que
le conflit résulte, non d'un caprice royal, mais « d'un
mouvement général en France, très naturel, qui
n'est que la suite inséparable des maximes que

nous suçons avec le lait ». C'est toute la théorie du gallicanisme et de l'indépendance de l'Eglise de France sur certains points.

Le cardinal suggère, puisqu'il y a malentendu, de donner une interprétation de la bulle : le Pape refuse de faire le premier pas. Retz développe prudemment, puis plus hardiment, les arguments qui doivent impressionner son interlocuteur. Faute de saisir, quand il en est temps encore, le moment opportun, des conflits s'aggravent; il ne faut pas heurter la France, qui tient alors l'infaillibilité pour « une opinion problématique ». Cette formule audacieuse n'ayant pas produit son effet, il pousse plus loin l'attaque. Si, par sotte obstination, on continue à froisser le sentiment national, on peut craindre que les esprits ne s'aigrissent, et que, remontant à des précédents redoutables, on ne recherche ce qui s'est fait dans le passé contre les bulles des Papes. Retz appréhende qu'on n'y trouve des exemples fâcheux.

Ce langage ferme, presque comminatoire, amène l'adversaire à composition; il accède à un arrangement. Si on lui demande une interprétation de la bulle, il la donnera.

La discussion se poursuit dans les semaines qui suivent, sans qu'on aboutisse à un résultat précis. Retz demeure fermement sur le terrain qu'il a choisi, et le Pape, qui sent la résistance et n'ose cependant briser, recourt à des procédés dilatoires. Alexandre VII a, un instant, l'espoir que la situation générale d'Europe va rendre Louis XIV plus conciliant. Le cardinal en a le sentiment très net; mais il ne perd aucun de ses avantages et écrit à Lionne que le Saint-Siège cherche à gagner du temps, pour prendre son parti suivant les conjonctures.

Après des alternatives diverses, de guerre lasse, de part et d'autre, on laissa tomber la négociation. Mais la question abandonnée momentanément était de celles qui devaient alimenter bien des polémiques dans la suite. Le monarque sut néanmoins le plus grand gré à son agent de son habileté diplomatique. Il eut, dès l'année suivante, une nouvelle occasion de la mettre à l'épreuve. La santé d'Alexandre VII déclinait. On se préoccupait discrètement des dispositions des cardinaux au prochain Conclave. Un nouvel ambassadeur, le duc de Chaulnes, venait de succéder au duc de

Créqui. Le premier soin du cardinal est de le mettre en rapport avec l'escadron volant. Les débuts du duc de Chaulnes sont heureux : on remarque aussitôt sa finesse, sa désinvolture, suivant le mot même du cardinal, qu'il faut entendre dans son sens psychologique, et non comme le signalement d'un cavalier à la taille fine et élégante, qui se serait difficilement justifié.

Cependant, malgré les inquiétudes données par la santé du Souverain Pontife, Retz désirait revenir en France ; il en obtint l'autorisation, sous la condition formelle de reprendre le chemin de Rome, dès que les circonstances le commanderaient. Son désir de partir en congé est si vif qu'il interprète favorablement les moindres symptômes. Dans une récente audience, Retz a constaté la vigueur du regard et de la démarche chez un vieillard pourtant atteint de gravelle invétérée : il en conclut, d'accord avec les optimistes, que le Pape, peut vivre encore assez longtemps.

Aussi part-il pour Commercy en octobre 1666, en s'éloignant à petites journées, pour recevoir des nouvelles à Camayore, à Florence, à Milan : là, il n'hésite plus, et se dirige vers Bâle, Remiremont et Commercy. Il met près d'un mois à faire le trajet. L'événement lui donna raison, car il put passer tout l'hiver au repos dans sa petite ville. Le printemps de l'année suivante devait le ramener à Rome.

*
* *

Dès son arrivée à Commercy, Retz faisait à Lionne un exposé de la situation au Vatican. Avec sa connaissance des hommes et des choses, il entrevoyait d'ores et déjà la rivalité de cinq factions au prochain Conclave. Aussi était-il certain d'être en temps utile à Rome, aucun résultat ne pouvant être obtenu avant l'arrivée des cardinaux français. A la fin de mars, Retz reçoit du duc de Chaulnes un avis alarmant sur la santé d'Alexandre VII. Il se met aussitôt en route et gagne la Provence afin de s'embarquer à Marseille avec le cardinal de Vendôme.

On est, à la réflexion, confondu de la facilité avec laquelle ces gens d'autrefois entreprenaient des voyages lointains; et non seulement les touristes charmants comme Montaigne et le Président de Brosses, qui se déplaçaient pour leur plaisir, et nous ont laissé, pour notre agrément, des récits si alertes, mais aussi ces diplomates, ces pélerins, ces hommes d'Etat ou d'Eglise, franchissant à tout propos les Alpes ; Rabelais, du Bellay, et combien d'autres plus près de nous, Chateaubriand, qui se vante dans les Mémoires d'Outre-Tombe, d'avoir fait plus de trente fois le voyage d'Italie. Vraiment, la « bougeotte » n'est pas une maladie purement moderne et l'on doit reconnaître que, dans tous les temps, malgré les obstacles et les saisons contraires, l'Italie, et spécialement Rome, ont attiré les grands curieux, les politiques, ainsi que les dévôts de l'art et de la religion.

Le 12 avril 1667, Retz écrit d'Aix qu'il attend des nouvelles de la santé du Pape. Le 23, il annonce, de Marseille, le départ imminent si le temps est favorable. Par mesure de précaution, le Cardinal de Vendôme fait embarquer une chaise roulante, dont on pourra se servir, en cas de vents contraires, en se faisant débarquer vers Lérice, dans le Golfe de la Spézzia. Le 29 avril, nouvelle lettre de Portofino, au sud-est de Gênes ; le voyage se poursuit normalement. Enfin, on arrive le 6 mai à Civita-Vecchia, et le 8 à Rome.

Alexandre VII vit encore. Il meurt le 22 mai. Les cardinaux entrent au Conclave le 2 juin.

Les opérations sont, cette fois, beaucoup plus rapidement conduites, puisque, le 20 juin suivant, le cardinal Rospigliosi est élu : il prend le nom de Clément IX.

Le roi, dont les instructions ont été remarquablement suivies, marque sa satisfaction à Retz par une lettre du 16 juillet :

« Mon cousin, vous avez trop contribué à l'heureuse exécution de mes ordres dans ce dernier conclave, pour ne vous en témoigner pas la satisfaction que j'en ai. Ces lignes vous assureront qu'elle ne peut être plus grande et que vous ne sauriez avoir de recommandation plus agréable auprès de moi que le souvenir du service que vous m'avez rendu en cette rencontre. »

Dans une lettre du 23 juillet, Lionne remercie le cardinal d'avoir fait taire certains ressentiments contre Rospigliosi, en facilitant l'exécution des ordres du roi.

Aussitôt après les cérémonies d'usage Retz repart pour la France. Il voudrait prendre l'itinéraire le plus court, par Milan. Mais à la suite de l'entrée de Louis XIV en Flandre, pour la campagne de 1667 contre les Espagnols, il redoute des complications dans le Milanais et juge plus prudent de passer par Vérone et le Tyrol, ce qui allonge sa route d'une dizaine de jours. Ces détails ne sont pas négligeables puisqu'ils nous permettent de suivre par étape notre voyageur, et parce qu'ils fournissent des indications utiles sur les itinéraires des touristes d'autrefois.

Deux années s'étaient à peine écoulées que la volonté royale venait le relancer dans son exil de Commercy (n'oublions pas, en effet, que s'il était rentré en grâce, il n'avait pas le droit de vivre à la Cour); le 10 décembre 1669, nouvelle lettre annonçant la prochaine vacance du Saint-Siège et ordre de se mettre en route sans délai pour rejoindre encore une fois le duc de Chaulnes et les cardinaux de Bouillon et Grimaldi.

*
* *

Ce voyage, au cœur de l'hiver, et le conclave qui suivit la mort de Clément IX furent plus mouvementés que ceux de l'année 1667.

Voyons d'abord le voyage. Le duc de Chaulnes, qui était rentré en France, est envoyé de nouveau à Rome, avec le titre d'ambassadeur extraordinaire. Il part sans équipage, sa mission étant limitée à la durée du conclave ; mais comme on ne doit pas négliger toute étiquette, des galères du roi sont mises à sa disposition. Les cardinaux sont informés de la décision royale, par une lettre personnelle signée de la main de Louis XIV.

« ...Mon Cousin. Dès que j'ai appris la nouvelle de la dangereuse maladie du Saint-Père, j'ai pris la résolution de renvoyer à Rome en toute diligence mon cousin, le duc de Chaulnes, pair de France, commandeur de mes Ordres, mon lieutenant général au Duché de Bretagne, et lieutenant de la compagnie de Chevau-légers de ma garde, en qualité de mon ambassadeur extraordinaire, espérant néanmoins de la bonté divine qu'elle n'aura pas voulu donner ce nouveau châtiment à la chrétienté, de la priver si tôt d'un si digne chef. Mais comme nous ne pouvons savoir si nous aurons mérité ce grand bien et si Dieu voudra nous en laisser jouir longtemps, j'ai donné, à toutes fins, mes ordres à mon cousin de faire entendre à tout le Sacré Collège les sincères intentions que j'ai pour l'élection de son successeur et combien je souhaite de pouvoir contribuer à faire qu'elle soit purement dirigée à la gloire et à l'avantage du Saint-Siège et au bien de notre sainte religion ; sur quoi, et en toute autre chose, vous pouvez donner entière créance à mon dit ambassadeur, et particulièrement quand il vous assurera de mon affection et singulière estime. »

Ne vous semble-t-il pas que l'inspiration qui se devine dans ce texte est à peu près la même que celle qui anime les circulaires du second Empire, en matière électorale ?... Et l'instruction remise par le souverain à son ambassadeur confirmera amplement cette impression un peu plus loin. Les cardinaux, avertis des désirs du monarque, font donc diligence pour rejoindre l'ambassadeur extraordinaire.

La réunion a lieu à Avignon. Afin d'y arriver,

sans perdre de temps et par la voie la plus courte,
Retz a dû, au départ de Commercy, préparer tous
ses relais, car il n'y a pas de poste organisée de ce
côté. Il retrouve à Avignon le duc de Chaulnes et
le cardinal de Bouillon. Les voyageurs ont couru
des risques sur le Rhône, agité par des vents vio-
lents. Suivons-les dans la dernière partie de leur
trajet.

Les voici à Marseille où ils vont s'embarquer;
ils ont, en effet, renoncé à tenter le passage des
Alpes à cette époque de l'année. La mer est rude,
on gagne péniblement Cannes, Gênes et un petit
port, Monéglia, à l'est de Gênes. Les malheureux
ont essayé de suivre la route de terre, à partir de
Gênes, mais ils ont trouvé tous les passages
obstrués par les neiges, et ils se résignent à s'embarquer dans une felouque, par un temps, dit le
duc de Chaulnes, où on n'en voyait guère au large.
Dans l'impatience où ils sont de « se rendre à
leur devoir », ils s'exposent à une mer démontée,
et parviennent péniblement à Lérice, ou sud de la
Spézzia. Là, débarqués dans une tenue qui se ressent de l'état de la mer, ils se font conduire à
Sarzana; c'est la fin de leurs tribulations.

L'évêque du lieu les accueille magnifiquement dans son palais et leur procure l'indispensable, pour continuer la route par terre.

Ils sont reçus le lendemain chez le prince de Massa; à Pise, le Grand Duc de Toscane leur fait donner des carrosses et des litières pour traverser les montagnes. Enfin, à Ronciglione, ils sont attendus par les voitures des cardinaux de la faction française, ce qui leur permet de faire, à Rome, le 16 janvier 1670, une entrée honorable avec une escorte de vingt carrosses à six chevaux.

Il n'est pas sans intérêt de noter que, parti de Commercy le 14 décembre, Retz a mis ainsi trente-trois jours à accomplir ce trajet.

*
* *

Aux cardinaux Retz et de Bouillon, devait se joindre, à Rome, le cardinal Grimaldi, venu par une autre voie en litière. Les cardinaux d'Este, protecteur des affaires de France; Antoine Barberini, Ursin, Moldachini, et Mancini allaient former, avec eux, la faction dévouée à Louis XIV.

Le conclave était déjà ouvert à l'arrivée de nos cardinaux.

L'ambassadeur se rendit le 22 janvier à la porte du Vatican pour exposer aux intéressés l'objet de sa mission.

Nous devons, à notre tour, jeter un coup d'œil sur ses instructions, pour bien comprendre ce qu'on attendait de lui, et ce qu'il devait, de son côté, attendre des cardinaux dévoués à notre cause.

Le Mémoire du Roi, pour servir de ligne de conduite au duc de Chaulnes, est du 22 décembre 1669. Il analyse en premier lieu, avec finesse et exactitude, les combinaisons probables qui vont se former par suite de l'origine ou de l'affinité des cardinaux. Il cite d'abord, par ordre d'ancienneté, les créatures d'Urbain VIII, mort en 1664, puis celles d'Innocent X, un Pamphili, d'où le nom de faction pamphilienne que lui donne le Mémoire. Bien qu'on n'ait aucune obligation à Innocent X, on acceptera, et au besoin, on appuiera un candidat soutenu par ce groupe.

Viennent ensuite, la faction de Chigi (du pape Alexandre VII), à laquelle on donnera des assurances de bonne volonté; la faction Rospigliosi (celle du pape mourant Clément IX), à laquelle on donnera de nouvelles assurances de gratitude et de concours effectif.

Le roi marque une préférence certaine pour celle-ci. On ne proposera aucune exclusion formelle, si ce n'est, et en cas de nécessité absolue, contre Barberini; mais il semble qu'on ne devra pas recourir à cette extrémité, les maladresses de ce cardinal le rendant peu « papabile ». On devra également surveiller quelques candidatures, soutenues par les Espagnols, et, sans demander contre elles l'exclusion, se livrer à des pratiques secrètes pour les combattre.

Après ces directives générales, le mémoire indique nettement les préférences du roi pour quelques candidats; nous dirons, pour les candidats officiels. En première ligne, Albizi, homme résolu, actif, hardi, de grande érudition, personnage en somme de premier plan, contre lequel cependant (et précisément à cause de sa valeur) une hostilité violente semble devoir se manifester. Entre autres arguments, réellement inattendus, ses adversaires feront valoir qu'il a été marié, et qu'il a un bon nombre d'enfants.

Deux autres candidatures agréables sont encore

indiquées. Enfin comme, malgré tout, il faut y mettre des formes, le Mémoire royal, dissimule la pression à exercer par l'ambassadeur, sous cette phrase hypocrite : « Le roi ne veut rien d'injuste ni d'extraordinaire. Aussi ne désire-t-il de voir assis dans la chaire de Saint-Pierre qu'un homme de bien qui ait les intentions droites et assez de force pour les mettre à fin ; et, en ce cas, il n'y a respect et soumission filiale que sa Majesté ne lui rendra très volontiers comme à un bon père ».

Il est impossible de ne pas apercevoir l'alternative contraire où le pape, n'étant pas l'homme doux et résigné que l'on attend, il ne lui serait dû aucun respect filial.

Puis le ton devient subitement comminatoire, sinon vis-à-vis du conclave lui-même, du moins à l'adresse de ceux qui voudraient, du dehors, essayer, eux aussi, de faire pression : « Sa dite Majesté, à l'imitation de ses prédécesseurs, ne prétend point violenter, par moyens illicites, les suffrages du Sacré-Collège, ni empêcher en quoi que ce soit la liberté du conclave ; elle sera toujours prête, s'il en était besoin, d'envoyer ses forces pour établir et protéger cette liberté ».

En vérité, c'est à s'y méprendre, le langage et la méthode adoptés par les régimes qui nous ont fait connaître depuis, les bienfaits de la pression électorale et les opérations de police un peu rudes.

***

Le conclave se prolongea jusqu'au 20 avril 1670. Le duc de Chaulnes fut amené à demander l'exclusion contre Odescalchi, dont l'élection ne répondait pas aux vues de son souverain. Ce fut finalement Altiéri, qui fut proclamé pape, sous le nom de Clément X.

Celui-ci occupa le Saint-Siège jusqu'en juillet 1676.

Conclave de 1676

Dans le courant de l'été de 1676, la santé de Clément X commença à décliner; le cardinal d'Estrées, alors en résidence à Rome, rendit compte au ministre Pomponne, de l'imminence d'un nouveau conclave; il insista sur la nécessité d'y envoyer le cardinal de Retz « dont l'expérience, l'esprit et la réputation, devaient être d'un grand poids dans le Sacré-Collège ». Louis XIV relance encore une fois Retz dans sa retraite de Commercy, et, lorsque, quelques jours après la première communication du cardinal d'Estrées, la nouvelle de la mort du pape parvient à Versailles, Pomponne mande immédiatement au cardinal de Retz de partir pour Rome.

Toutes les dispositions ont été prises : les passeports sont envoyés directement à Turin où le voyageur les trouvera à son passage.

Bien qu'atteint de la goutte, âgé déjà, l'ancien frondeur, jadis si indiscipliné, obéit sans retard aux ordres du Roi.

Louis XiV en marque sa satisfaction par une lettre autographe, en date du 13 août, que Retz reçoit à Rome. L'effort de Retz était d'autant plus méritoire qu'il commençait à revenir de bien des choses et qu'il avait cherché, l'année précédente, à se soustraire aux honneurs et aux charges, en offrant sa démission de cardinal. Clément X l'avait refusée, ce qui avait amené sous la plume de Mme de Sévigné cette amusante expression : « Notre cardinal est recardinalisé. »

Le duc de Chaulnes n'est pas envoyé, cette fois, en mission extraordinaire. Le dépositaire de la pensée royale est l'ambassadeur à Rome, le duc d'Estrées. Les cardinaux français, Retz, Bouillon et Bonzi entrent au conclave le 30 août. Les premiers scrutins, avant leur arrivée, avaient déjà donné un grand nombre de voix à Odescalchi, lequel, on ne l'a pas oublié, avait été l'objet de l'exclusive de la France en 1670. Soit que Louis XIV ait eu, comme un parlementaire de nos jours, le sentiment de l'opportunité, soit que sa méfiance à l'égard de ce candidat se fût atténuée avec le temps, il exposait dans une lettre du 4 septembre, adressée à son ambassadeur, les con-

sidérations qui l'amenaient à un revirement favo-
ble à Odescalchi. D'abord, il pouvait, disait-il, suf-
fire que ce cardinal, par le fait de la France, eût
perdu sept années de pontificat, et que le conclave
actuel se fût rendu compte que tout devait demeurer en suspens jusqu'à ce que la volonté du roi de
France fût connue; la dignité de Louis XIV s'en
trouvait pleinement satisfaite, du moment que le
Sacré-Collège ne devait se déterminer sur le choix
d'un sujet généralement désiré que lorsque le consentement du roi de France aurait été obtenu. Il
n'était pas superflu, néanmoins, de laisser entendre
à Odescalchi que l'on comptait sur sa bonne volonté pour régler rapidement quelques questions en
suspens, entre autres une promotion de cardinaux
et la nomination de l'évêque de Marseille. Enfin et
surtout, on escomptait la désignation comme
Secrétaire d'Etat du cardinal Cibo, persona grata
auprès de la Cour de Versailles.

Le terrain étant ainsi déblayé, rien ne s'opposait
plus à l'exaltation du nouveau pape : Odescalchi
était élu le 21 septembre 1676 et prenait le nom
d'Innocent XI.

Ainsi qu'on le verra, le Souverain Pontife resta

peu flexible; la période qui suivit fut d'ailleurs fertile en incidents graves.

Cependant Retz, qui avait été l'instrument docile des volontés du monarque, reçut, à son retour à Commercy, un témoignage de la gratitude royale.

« De Versailles, le 10 octobre 1676.

« Mon Cousin,

« La lettre que vous m'avez écrite depuis la création du Pape dit beaucoup de choses en peu de paroles, puisqu'elle m'assure que ma gloire et ma conscience doivent être pleinement satisfaites du succès de ce dernier conclave; c'est tout ce que je pouvais désirer, et comme mon ambassadeur n'a pas oublié dans sa dépêche ce que vous avez contribué aussi à cet accomplissement de mes vœux, vous ne devez pas douter du gré que je vous en sais, et qu'il ne soit tel que mérite la manière dont vous m'avez servi. »

Le cardinal de Retz ne devait plus retourner à Rome, sa mort étant survenue en 1679.

*
* *

. Innocent XI allait-il oublier les injures faites au cardinal Odescalchi ? Les événements en tous cas ne s'y prêtèrent pas. car les questions les plus épineuses allaient être de nouveau soulevées sous son pontificat et devaient amener des deux côtés des solutions extrêmes. Ce fut d'abord la contestation relative au droit de régale, ce furent les quatre fameuses propositions de la déclaration de 1682, ce fut aussi cette vieille querelle des franchises de nos ambassadeurs à Rome, réveillées encore malencontreusement par une bulle.

Les autres souverains avaient adhéré à la prétention du pape, très légitime, il faut le reconnaître, d'être maître de la police sur son propre territoire. Seul Louis XIV, invoquant les privilèges anciens, refusait de s'incliner.

La discussion ne resta pas sur le terrain des principes : Louis XIV résolut d'établir son droit. ou ce qu'il prétendait tel, par une manifestation de force. Le marquis de Lavardin, son ambassadeur, accompagné de huit cents gentilshommes armés, occupa le palais Farnèse et les terrains en dépendant. et il s'y maintint, tandis que le pape, recourant aux armes spirituelles, excommuniait le mécréant. Lavardin, sûr de son bon droit, communia publiquement dans sa chapelle : audace singulière qui, dans le domaine religieux soulevait un conflit imprévu. On voudrait avoir des accointances avec l'au-delà, pour savoir à qui le Père Eternel donna finalement raison. Joseph de Maistre, dans une note acerbe de son livre si curieux sur le pape, ne manque pas de vouer cet ambassadeur énergique au mépris de tous les croyants. Egaré par sa passion théocratique, il cherche même querelle à Mme de Sévigné, pour avoir parlé en bons termes du marquis de Lavardin dans sa lettre du 16 octobre 1675. La critique porte réellement à faux, pour une raison péremptoire, c'est que l'événement auquel Joseph de Maistre fait allusion est postérieur de plusieurs années à la dite lettre. Et il n'aurait pas dû oublier, d'autre part, que Mme de Sévigné est avant tout fidèle à ses amis, et s'embarrasse assez peu de ces questions religieuses, même lorsque la personnalité du pape est en jeu. Très loyale sujette du roi de France, elle serait au contraire plutôt portée, dans son indépendance d'esprit, à soutenir la thèse française dans toutes ses conséquences ; et c'est évidemment cela que l'écrivain ultramontain ne lui pardonne pas.

*
* *

Dans les conflits de ce genre, Louis XIV avait en main un gage dont il s'emparait sans scrupule : le Comtat Venaissin. Il fit occuper Avignon par le comte de Grignan. Le pape, de son côté, refusa de délivrer les bulles nécessaires à tous les évêques nommés après la déclaration de 1682. A la mort d'Innocent XI, en 1689, vingt-neuf nominations d'évêques étaient en suspens.

Telle était la situation lorsque le conclave de 1689 s'ouvrit. On comprend que la mission donnée au duc de Chaulnes était particulièrement délicate, et que de son habileté allait dépendre la reprise de rapports normaux et confiants.

Avant d'aller plus loin, est-il interdit de remarquer qu'à l'époque où la France passait pour être la fille aînée de l'Eglise, elle était souvent une fille bien indisciplinée et turbulente.

Ses incartades, ses exigences, les sévérités, d'autre part, du Saint-Siège, son autoritarisme parfois blessant et étroit, feraient penser plutôt aux relations dépourvues d'aménité d'une marâtre avec les enfants d'un premier lit. Et il n'est pas certain cependant que, dans quelques milieux, il ne se trouve encore des gens pour regretter l'époque des grandes querelles et des gestes énergiques ; un peu à la manière de ces ménages séparés pour incompatibilité d'humeur, qui jettent un regard de regret vers le temps où les explications violentes étaient suivies ordinairement de réconciliations ardentes. L'âge et la réflexion venant, les époux disparates se retrouvent plus tard pour terminer ensemble une existence désabusée. Chacun y met du sien : on évite les paroles irritantes ; on respecte la liberté d'autrui ; et ainsi se renouent, dans la sagesse et la pacification, par un heureux compromis, des rapports sinon affectueux, du moins déférents, qui procurent aux deux parties la détente nécessaire.

Image qui évoquerait, semble-t-il plus exactement que cette vieille formule de fille aînée de l'Eglise, la situation d'hier et sans doute celle de demain.

XIV

Conclaves de 1689 et de 1691

XIV

Conclaves de 1689 et de 1691

Le duc de Chaulnes, que nous avons laissé sur
les routes de Bretagne du côté d'Auray, en compagnie de la duchesse, sa femme, et de Mme de
Sévigné, venait donc de recevoir l'ordre de se
rendre en toute hâte à Rome pour les opérations
du conclave rendu nécessaire par la mort d'Innocent XI

Dans les circonstances qui viennent d'être rap-
pelées, la moindre faute pouvait avoir des conséquences fatales. Et cependant la tâche de l'Ambassadeur allait se trouver encore compliquée par
une sorte de rivalité, ou mieux de divergences de
vues, entre lui et le cardinal d'Estrées, qui, rési-
dant à Rome, y avait reçu et avait transmis au roi
des impressions différentes.

Les cardinaux de Bouillon, de Bonzi et Fur-
stenberg, venus de France avec le duc de Chaulnes
entrèrent en conclave le 27 septembre 1689. Vingt-

huit galères royales avaient conduit en grande pompe les représentants de la France de Toulon à Civita-Vecchia, par Gênes et Porto-Vénere. Avant leur arrivée, le cardinal d'Estrées avait dû manœuvrer de façon à empêcher un scrutin décisif.

Les cardinaux présents n'étant qu'au nombre de quarante-huit, un vote de surprise pouvait amener un résultat précipité : d'Estrées eut l'habileté de l'éviter.

Ce premier résultat négatif assuré, restait à régler l'admission par le conclave du duc de Chaulnes comme ambassadeur ou envoyé extraordinaire. On négocia dès l'arrivée. Comment reconnaître au duc de Chaulnes la qualité d'ambassadeur, sans faire revivre immédiatement la question, non résolue depuis les incidents Lavardin, des franchises ou droits de quartiers ? La bulle d'Innocent XI les avait supprimés ; tous les souverains avaient adhéré à la bulle.

Seul, Louis XIV l'avait contestée. Or, en reconnaissant, même implicitement, au roi de France le maintien de ses anciens privilèges, on allait froisser les autres cours, qui se seraient crues auto-

risées à réclamer ; et, en persistant à imposer à
Louis XIV la règle commune, on allait de nouveau l'irriter. Pour tourner la difficulté, on recou-
rut à un subterfuge. Le cardinal d'Estrées n'était
pas logé à l'ambassade de France : il pouvait
offrir l'hospitalité au duc de Chaulnes, qui, n'oc-
cupant pas lui-même le Palais Farnèse, n'avait pas
à invoquer momentanément le droit de quartier.

Cette combinazione, suggérée par Ottoboni et
défendue par lui dans le conclave, rallia les suffrages.

Cette première difficulté résolue, quelle candidature convenait-il de soutenir ? Les cardinaux
arrivés de France avaient de bonnes raisons de
considérer Ottoboni comme un « papabilé » favorable à notre politique, tandis que le cardinal
d'Estrées avait des préventions contre lui. Ce dernier avait même présenté, dans ses rapports, Ottoboni comme l'inspirateur des mesures prises sous
le dernier pontificat, et notre ministère n'était pas
éloigné de recommander contre lui, l'exclusion.
Toutefois, les instructions du duc de Chaulnes
étaient assez larges pour lui permettre de prendre
sur place toutes décisions utiles.

18

D'une étude approfondie de la situation, il résulta que nous avions intérêt à soutenir Ottoboni. Le cardinal d'Estrées, après avoir défendu son point de vue, se rallia franchement à l'avis général. On était d'autant plus pressé de se décider que, dans les scrutins des jours précédents, Pignatelli avait réuni de 18 à 20 suffrages et qu'il devenait un candidat dangereux. Il fallait lui barrer la route, car, en sa qualité d'archevêque de Naples, il était sujet du roi d'Espagne, et, à ce titre, Louis XIV avait prescrit de lui donner l'exclusion.

Nous avons, par les Mémoires de Coulanges qui accompagna à Rome le duc de Chaulnes, un récit extrêmement précis et amusant de ce qui se passa alors dans le conclave. Empruntons-lui les détails les plus caractéristiques.

Le cardinal de Bouillon reçut un matin la visite d'Altiéri, venant lui proposer, au nom de sa faction, « de rompre le col » d'Ottoboni et de se rallier à toute autre candidature agréable à la France.

Le cardinal d'Este vint faire une proposition identique, au nom de la faction innocentienne, ainsi désignée parce qu'elle comprenait la plupart des créatures d'Innocent XI.

Bouillon accueille ces offres de service, mais ne prononce aucun autre nom, se réservant, *in petto*, d'amener ces deux factions, par une manœuvre habile, à voter pour Ottoboni.

Dès la sortie des deux compères, il se met au lit et se déclare malade, justifiant par anticipation le mot fameux : « Quel intérêt a-t-il donc à être malade ? » L'intérêt, c'était de mander chez lui Ottoboni, sous le prétexte de venir prendre de ses nouvelles ; c'était aussi se donner le temps nécessaire pour rédiger un rapport circonstancié à l'adresse du duc de Chaulnes. Ottoboni, qui comprend à demi-mot, arrive dans la cellule du cardinal de Bouillon. Là, on l'engage à se rapprocher sans retard des cardinaux d'Este et Altièri, et on lui fait entrevoir le danger qui le menace : « Je vois de grands nuages qui se forment contre votre Eminence, et je crains bien que les nuages formés ne renversent toutes nos espérances. » Et Bouillon termine en italien : « Signor Cardinale, io ho gran poura » (j'ai grand peur).

Ottoboni répartit vivement : quanto a me non ho poura, sotto un capitano del suo gran nome di Buglione e di Turena, non si perdona mai le battaglie. (Quant à moi, je n'ai point de crainte, les batailles ne se perdent jamais sous un capitaine du nom de Bouillon et de Turenne).

Cela dit, les deux interlocuteurs s'embrassent, et Ottoboni sort pour commencer sa campagne. Bouillon rend compte immédiatement au duc de Chaulnes en lui envoyant l'abbé de Polignac, qui sert d'intermédiaire entre eux ; et il le presse vivement de donner l'ordre formel de voter pour Ottoboni.

Avant cet entretien décisif, le cardinal de Bouillon s'était d'ailleurs assuré des intentions d'Ottoboni, et avait reçu de lui des assurances conciliantes pour le règlement des questions litigieuses.

Il avait notamment obtenu une promesse de transaction pour l'affaire des bulles à donner à tous les évêques nommés ou transférés depuis l'assemblée de 1682 ; il avait en outre exposé très fermement à Ottoboni le point de vue de la cour de France pour la régale et suggéré de désigner ultérieurement, comme secrétaire d'Etat, le cardinal Delfini, dont les sentiments étaient favorables à la France. Enfin on s'était mis d'accord pour la promotion au cardinalat de M. de Forbin-Janson, évêque de Beauvais, auquel le roi tenait essentiellement. Le tout, sans pacte formel, mais avec une précision et des termes tels que le cardinal de Bouillon put y trouver toutes garanties.

*
* *

Dès le lendemain de l'entrevue des cardinaux d'Este et Altiéri avec Bouillon, le duc de Chaulnes envoie l'ordre attendu de voter pour Ottoboni : chacun agit dans sa sphère. On négocie en outre avec Médicis pour s'assurer son concours. L'entente générale se fait sans difficulté : le 6 octobre 1689 Ottoboni est proclamé, exactement douze jours après l'entrée des cardinaux français au conclave. L'affaire, on le voit, avait été rondement menée.

La tâche des cardinaux était terminée; celle du duc de Chaulnes allait commencer ou, du moins, se préciser. Il fallait obtenir du nouveau pape la liquidation rapide de tous les litiges. Les premiers actes d'Alexandre VIII inquiétèrent à juste titre notre ambassadeur. En effet, dès le lendemain de son exaltation, le pape fit plusieurs nominations, cardinal dataire, officiers de sa maison, sans désigner le secrétaire d'Etat. Le duc de Chaulnes, qui s'attendait à voir appeler à cette haute fonction le cardinal Delfini, s'émeut et fait demander une audience. Mais le pape, qui a une idée et cherche d'abord à gagner du temps, convoque une congrégation de huit cardinaux auxquels il annonce son intention de confirmer purement et simplement les actes de ses prédécesseurs relatifs aux franchises des quartiers. « Chaque prince, dit-il, doit être maître dans la capitale de ses Etats et dans le lieu de sa résidence. S'il le faut, j'irai à Vienne, Paris et Madrid pour rendre les souverains dociles à la raison ». Il accompagne d'ailleurs ces paroles de compliments tendres et respectueux pour les rois.

Parmi les huit cardinaux présents il ne rencontre comme contradicteurs que Bouillon et d'Este, les autres étant indifférents ou déjà ralliés à la thèse pontificale.

Après la congrégation, Bouillon est reçu en audience particulière et apprend de la bouche d'Alexandre VIII que le secrétaire d'Etat sera, non pas Delfini, mais le propre neveu du pape, Rubini. Pour atténuer l'effet de cette déclaration, Alexandre VIII ajoute qu'il n'oublie pas ce qu'on lui a dit au conclave pour le chapeau de l'évêque de Beauvais.

Le duc de Chaulnes et Bouillon sont atterrés par l'attitude du pape, et le cardinal d'Estrées, qui n'a jamais eu confiance en lui, reprend ses avantages : « Ce n'est qu'un pantalon vénitien », déclare-t-il dédaigneusement.

Cependant on ne veut pas heurter encore trop ouvertement le nouveau pontife; on décide de temporiser. La cérémonie de la coronation allait fournir une autre occasion de s'assurer des dispositions réelles d'Alexandre. Le duc de Chaulnes y serait-il admis ?

Le cardinal de Bouillon a avec le pape un long entretien, dans lequel sont examinées les questions pendantes. Ayant laissé entendre que le roi fera abandon de la franchise des quartiers, Alexandre VIII consent à admettre l'ambassadeur à la cérémonie de la coronation.

Quant à l'affaire des bulles, elle sera réglée dans un esprit de bonne amitié, pour remettre les choses « dans l'état où elles étaient avant les brouilleries survenues ».

Le pape, au cours de cette audience, fait incontestablement preuve d'intentions conciliantes. Il propose que le roi, dont il sait l'autorité incontestée dans le royaume, fasse une déclaration « dans laquelle il marquerait d'une manière générale que la mort d'Innocent XI et l'élection d'Alexandre VIII ont mis fin aux mauvaises volontés et aux intentions défavorables de la Cour de Rome envers la France ».

De son côté, le pape ferait une bulle, expliquant les choses « senza dare seal naso del nostra predecessore ». (Sans donner sur le nez de notre prédécesseur). Ce furent ses propres termes, rapporte Coulanges, qui ajoute qu'Ottoboni mêlait volontiers la plaisanterie aux propos les plus sérieux.

La question paraissait ainsi nettement posée. Par une obstination regrettable du duc de

Chaulnes, dont la finesse habituelle fut ici en défaut, ou qui, du moins, fut à son tour victime de la finesse italienne, cette question des bulles resta en suspens plusieurs mois.

L'ambassadeur persista à penser que le différend prendrait fin par l'envoi d'une lettre des évêques, respectueuse et déférente pour le pape, conçue en termes généraux, sans entrer dans aucun détail au sujet des résolutions de l'assemblée de 1682; tandis qu'Alexandre VIII désirait une déclaration du roi, dont il connaissait le pouvoir absolu, ne cessait-il de répéter.

Tout en se défendant d'imposer un texte prenant allure d'amende honorable, le pape voulait amener Louis XIV à faire le premier geste et à assumer la responsabilité de cette démarche. Le duc de Chaulnes ne sût pas trouver, dans cette circonstance, le biais qui pouvait ménager l'amour-propre des deux parties. Ce fut le cardinal d'Estrées qui, à son retour en France, fit connaître à Versailles l'état stationnaire des négociations.

Louis XIV consentit, dès qu'il fut informé des causes du retard, à entrer dans les vues du Saint-

Père. Des instructions furent adressées sans retard à Rome et un projet d'accord fut rédigé en conséquence. Mais un nouveau contre-temps allait encore compromettre l'arrangement. Les documents furent confiés à l'abbé de Polignac, qui quitta Rome le 1er juillet 1690. L'abbé perdit six semaines à Gênes, attendant, dit Coulanges, que le temps fût meilleur ou les routes plus sûres. On ne s'explique pas que, dans une circonstance de cette gravité, un agent diplomatique se soit laissé arrêter aussi longtemps par des raisons de cet ordre. Manqua-t-il de courage pour franchir les montagnes, qu'on disait en effet infestées de brigands, ou trouva-t-on ce prétexte pour retarder l'accord ? Ce qui est certain, c'est que l'on profita de ce délai pour modifier, à Versailles, les dispositions conciliantes du roi. Le pape, de son côté, ne recevant pas de réponse, s'en formalisa, crut à de nouvelles hésitations, et, de guerre lasse, adopta secrètement, au commencement de janvier 1691, une constitution désapprouvant et annulant tout ce qui s'était passé à l'assemblée de 1682.

Alexandre VIII mourut le 1er février 1691, âgé de 81 ans, après dix-sept mois de pontificat.

La condamnation, obtenue de lui, *in extremis*, de l'assemblée de 1682, remettait tout en question, aggravait même les choses, et l'ouverture d'un conclave dans de semblables conjonctures n'était guère de nature à faciliter la tâche des cardinaux français. Ceux-ci sentirent la nécessité de fixer sans retard leur ligne de conduite, et, s'étant trouvés réunis à Savone, au cours de leur voyage, ils s'y concertèrent sans attendre l'arrivée à Rome. Ils trouvèrent d'ailleurs dans cette ville des dépêches, que leur avait adressées le duc de Chaulnes; et ils apprirent, d'autre part, par le cardinal de Forbin-Janson, investi pour ce conclave de la confiance du roi, que toute leur tactique devait être inspirée par la nécessité impérieuse d'obtenir des bulles, sans d'ailleurs que le Saint-Siège se crût en droit d'exiger le désaveu des propositions votées par l'assemblée de 1682.

En définitive, il fallait mettre fin, coûte que coûte, au conflit, et, dans ce but, trouver l'homme disposé à transiger.

Peu importait que le cardinal à désigner eût été l'objet de l'exclusion de la France, dans les précédents conclaves, ou qu'il eût été considéré, dans le passé, comme un homme peu sûr. On n'attendait alors de lui qu'un engagement formel de donner les bulles, afin de sortir de l'impasse dans laquelle on se débattait depuis des années. C'était une politique toute de circonstance qui devait guider les cardinaux français.

Bouillon, d'Estrées, Bonzi et Lecamus apprirent à Savone que l'ouverture du conclave avait eu lieu le 15 février; que les chefs de faction s'étaient engagés à ne procéder à aucune élection avant l'arrivée des cardinaux français; qu'enfin le meilleur candidat paraissait être Barberigo, appuyé par Chigi et les Zélanti.

Barberigo est un très saint homme, un peu borné, avec lequel l'entente sera difficile, explique Lecamus. Il a pour lui le groupe des dévôts (Zélanti) qui le soutient surtout, dit Coulanges, à cause de sa grande piété. On serait en droit de s'étonner que cette particularité, pourtant si naturelle chez un futur pape, soit ici signalée comme une recommandation spéciale. Mais on sait de reste que bien d'autres contingences interviennent dans les scrutins du Vatican. Au surplus, Barberigo ne fut pas élu, comme on va le voir.

Dans le conclave de 1691, ce n'est plus Bouillon, qui a les instructions du roi, c'est Forbin-Janson, le nouveau cardinal. Et Bouillon s'attire un jour une réponse sèche et péremptoire du monarque, parce qu'il a adressé à Versailles une communication secrète. On lui enjoint de se reporter à une réponse adressée le même jour au cardinal de Forbin, auprès duquel il voudra bien, à l'avenir, prendre ses inspirations, faute de quoi, il doit s'attendre à ne jamais remettre le pied dans le royaume.

Après quatre mois et demi de scrutins inutiles et énervants, les chefs de parti s'entendirent pour le choix d'un candidat. L'ordre public se ressentait d'ailleurs de ces atermoiements ; cent quatre-vingt-deux assassinats avaient été commis à Rome depuis l'ouverture du conclave. Enfin, le 12 juillet, Pignarelli, exclu par la France, en 1689, est élu par 53 voix.

Le règlement de l'affaire des bulles intervint en 1693, à la suite de l'envoi, par tous les évêques nommés depuis l'assemblée du clergé, d'une lettre aux termes de laquelle était considéré comme non avenu tout ce qui pouvait paraître avoir été décrété, en 1682, de contraire à la puissance, à l'autorité pontificale et au droit de l'Eglise. C'était une cote mal taillée, suffisante néanmoins pour apaiser les esprits. On considéra à Rome que c'était une rétractation, et, en France, on jugea que ce n'était pas une véritable abdication, la lettre n'ayant été écrite que par les nouveaux évêques, les anciens, c'est-à-dire ceux qui avaient participé à l'assemblée de 1682, n'ayant eu à signer aucun désaveu.

*
* *

Le récit par Coulanges du retour en France, n'est pas sans agrément. Après un court séjour au monastère de San Romano, près de Poggibonsi, où la vue est admirable et la cuisine médiocre, le duc de Chaulnes et ses compagnons s'embarquèrent à Livourne pour se rendre à Gênes. Dans cette dernière ville, Coulanges et le cardinal de Bouillon sont logés au Palais Carignan. Les détails qui suivent feront connaître de quelle façon un grand seigneur italien concevait l'hospitalité à la fin du XVIIe siècle.

« ... Nous avions des appartements où rien ne manquait pour la propreté et la commodité : lits de damas, chamarrés d'or, draps et toute sorte de linge avec du point; toilettes garnies de tout ce qui se peut imaginer; robes de chambres plus ou moins légères à choisir, dans de jolies mannes doublées de taffetas ou de satin; girandoles d'argent avec force bougies tous les soirs; et, pour se laver, des buires, des bassins et des jattes d'argent qui faisaient bien connaître que nous étions en bonne maison. »

Comme, d'autre part, le résident Ratabon, qui héberge le duc de Chaulnes, offre de magnifiques repas, où la chère est remarquablement fine, ce bon vivant de Coulanges déclare que leurs hôtes sont dignes de toute estime.

A Savone, le duc de Chaulnes, qui n'a pas le pied aussi léger, reste à bord de sa galère, tandis que les autres descendent à terre; à Monaco de même. A Marseille, les voyageurs, reçus par l'intendant, s'attardent huit jours, qui paraissent courts à cause de tous les plaisirs et de la bonne chère qu'on leur prodigue. Comment s'étonner dans ces conditions que cet aimable parasite ait des attaques de goutte et ne puisse parfois, suivant l'expression de sa cousine, « remuer ni pied ni patte ».

En débarquant à Marseille, Coulanges avait trouvé Charles de Sévigné, venu de Grignan à sa rencontre; ils repartent tous deux pour Grignan, où les attendaient Mme de Sévigné et sa fille.

XV

Mme de Sévigné et les affaires de Rome

19

XV

Mme de Sévigné et les affaires de Rome

Il n'est assurément pas bon de pénétrer dans les
coulisses d'un conclave avec de tels témoins, lorsque l'on veut conserver ses illusions et sa foi
intactes. Coulanges, sceptique, avait dû s'amuser
prodigieusement des événements auxquels il s'était
trouvé mêlé.

Il avait fait part de ses impressions à sa femme
et à Mme de Sévigné, et toutes les deux en lui
répondant l'une de Paris, l'autre de Grignan, lui
adressent, sans s'être donné le mot, des remontrances analogues.

Mme de Coulanges lui reproche d'avoir écrit
qu'il n'est pas avantageux pour la religion de voir
de près toutes ces choses. « Il faut, lui répond-
elle, séparer la religion des abus. Celle-ci est pure
et sainte, mais les hommes ont des passions et ils
prennent le prétexte de la religion pour les satis-
faire ». Mme de Sévigné lui fait, à son tour, la

leçon en lui rappelant combien il faut que la religion chrétienne soit toute sainte et toute miraculeuse pour subsister au milieu de tant de désordres et de profanations. » Suit un éloquent résumé de l'histoire des premiers papes pour aboutir à cette conclusion : « ...Une religion subsistante par un miracle continuel, et dans son établissement et dans sa durée, ne peut être une imagination des hommes... Ramassez toutes ces idées et ne jugez point si légèrement ; croyez que quelque manège qu'il y ait dans le conclave, c'est toujours le St-Esprit qui fait le pape : Dieu fait tout, il est le maître de tout... » Véritables paroles d'une croyante.

On est tout de même déconcerté de trouver sous sa plume ce langage si profondément religieux, lorsqu'on se souvient de la liberté de ses propos, et de son indépendance absolue, en ces matières, dans la période antérieure. Faut-il y voir, comme vient de l'expliquer M. A. Hallays, une évolution, dans les dernières années de sa vie, vers une foi plus stricte et moins superficielle ? Faut-il aussi y deviner cette hésitation et cette répugnance qu'é-prouvent la plupart des femmes, même les moins

timorées, à aborder certaines questions troublan-
tes ? Sans doute aussi.

Nous avons le droit cependant, afin de dégager
la physionomie exacte de Mme de Sévigné au
point de vue qui nous occupe, de remonter en
arrière et de rappeler ses actes ou ses confidences
les plus caractéristiques à ce sujet.

La grande consolation, le soutien permanent de
Mme de Sévigné, c'est la Providence; une Providence, maîtresse de toutes nos actions, un peu
lointaine, indéterminée, mais cependant toujours
attentive. Cette Providence n'a rien d'implacable;
elle a un peu de la bonne grâce de la marquise.
Elle doit être accommodante; son principal défaut,
c'est de rester impénétrable, de ne rien trahir de
ses inquiétants secrets.

De cette première disposition d'esprit, découle
une religion qui n'a rien d'étroit; un fond de religion, comme elle dit, qui n'est exempt ni d'opti-
misme, ni de bonne humeur; une sorte de résignation chrétienne, légèrement teintée de fatalisme.
« Cette même Providence qui règle tout, démêlera
tout; nous sommes ici des spectateurs très aveugles
et très ignorants.

Elle regrette une autre fois de n'être point dévote : « Je ne suis ni à Dieu, ni au diable; cet état m'ennuie, quoiqu'entre nous je le trouve le plus naturel du monde. On n'est point au diable parce qu'on craint Dieu, et qu'au fond on a un principe de religion; on n'est point à Dieu, parce que sa loi paraît dure, et qu'on n'aime point à se détruire soi-même; cela compose les tièdes, dont le grand nombre ne m'étonne point du tout... »

On a souvent discuté le véritable caractère de l'inscription de sa chapelle des Rochers :

Soli déo honor et gloria.
Honneur et gloire à Dieu seul.

Certains ont voulu y voir une devise inspirée par le jansénisme, exclusif de toute dévotion accessoire. Là encore il faudrait s'entendre.

Sainte-Beuve rapporte dans Port-Royal deux petits faits qui éclairent exactement la mentalité de la secte. Lorsque l'archevêque Péréfixe voulut disperser en 1672 les fortes têtes, il vint enlever douze religieuses, parmi lesquelles la sœur Angélique Saint-Jean, fille d'Arnauld. Celle-ci fut conduite au couvent des Annonciades, chez les

Filles-bleues, où dès l'arrivée elle eut à faire ses dévotions dans la chapelle de l'Immaculée-Conception. « Le mystère m'était nouveau, rapporte-t-elle, n'y ayant point chez nous d'*autel dédié aux opinions contestées* ».

Ce qui ne l'empêche pas de se jeter « dans les bras de la mère de la belle dilection et de la sainte espérance » titres sous lesquels elle l'invoque tant qu'elle reste dans la maison.

Le second fait est le suivant. A l'approche d'un 15 août, la mère abbesse de Port-Royal recommanda à ses religieuses de s'adresser particulièrement à la Vierge dont la fête se préparait. On doit donc en conclure que les Jansénistes ne rejetaient pas le culte de Marie, comme les en accusaient leurs ennemis, mais qu'ils le pratiquaient avec mesure et discernement, et ne laissaient pas détourner vers un fétichisme étroit leurs aspirations religieuses. Mme de Sévigné avait adopté à son usage un catholicisme du même genre. « ...L'esclavage de la Vierge », écrit-elle quelque part.

Pour elle, le ciel n'est pas encombré d'une nuée de saints personnages : chacun doit, en tout cas, y rester à son plan, Marie, comme les autres. Dieu, dominant de très haut les bienheureux, doit absorber tous les regards : lui seul, est réellement digne de tous les hommages. Tel paraît bien être le sens de la devise de la chapelle des Rochers, et c'est, en définitive, une interprétation qui ne devrait causer aucun étonnement.

Peut-on noter encore que, bien qu'ayant été entourée de prêtres toute sa vie, elle sut toujours s'affranchir d'une dévotion mesquine ; qu'elle garda, à leur contact, l'âme la plus indépendante ; qu'elle conserva, dans ses lectures, toutes les curiosités ; qu'aucune idée, même parmi les plus audacieuses, ne l'effraya ; qu'elle n'eut enfin à aucun degré ce qu'on appellerait aujourd'hui l'esprit clérical.

Et d'ailleurs, pour éviter toute méprise, c'est elle-même qui va nous fixer sur ses sentiments intimes :

« ... Vous me demandez si je suis toujours une petite dévote qui ne vaut guère ; oui, justement, voilà ce que je suis toujours et pas davantage, à mon grand regret. Tout ce que j'ai de bon, c'est

que je sais bien ma religion et de quoi il est question ; je ne prendrai point le faux pour le vrai ;
je sais ce qui est bon, et ce qui n'en a que l'apparence ; j'espère ne m'y point méprendre »

Ceci écrit en 1690, à une date assez voisine de
son décès On aperçoit bien, dans ses confidences
légères, la préoccupation de l'inconnu, mais on n'y
sent pas, comme dans les âmes torturées par le
tourment de l'infini, les sombres agitations et le
tragique effroi du lendemain.

Et maintenant, examinons quelles furent les répercussions des derniers conclaves dans la famille
de Grignan, et divertissons-nous des propos de
Mme de Sévigné, qui se montre alors moins sévère
pour elle-même qu'elle ne le fut dans les mêmes
circonstances pour E. de Coulanges.

Il est facile de suivre la trace des négociations
dans les lettres de la fin de 1689. Le 19 octobre,
nous apprenons que, « M. de Chaulnes a été reçu
à Rome, au bruit du canon, comme ambassadeur,
sans avoir renoncé aux franchises, dont l'ambassadeur d'Espagne a été enragé. » Les lettres des 23
et 26 mentionnent l'élection d'Alexandre VIII

« le plus habile et le plus honnête homme du Sacré-Collège » qui répondit gracieusement, le 4 octobre, aux compliments de M. l'ambassadeur, et fut, le 6, pour l'en remercier, fait pape. Car cette exaltation a été faite brusquement, à la française, et contre l'avis des Espagnols et des Allemands.

Il n'a de défaut que quatre-vingts ans.

Un gros point noir cependant. Le comtat Venaissin, dont Louis XIV s'était saisi, allait être restitué au pape; et le comte de Grignan, qui en avait l'administration et la jouissance, allait voir cette situation avantageuse prendre fin : dure conséquence de l'accord avec le Souverain Pontife. « Cet aimable comtat, gémit Mme de Sévigné, ce beau comtat; cet admirable morceau qui était si fort à votre bienséance. » Adieu les magnifiques revenus de cette terre admirable, si utiles cependant pour remettre à flot la barque des Grignan.

« ... On assure, écrit le 30 octobre, la mère inquiète, que la première chose que M. de Chaulnes a faite le lendemain de l'exaltation, ça été de rendre Avignon. Mon Dieu, ma fille, que cette pen-

séc me touche et me trouble, c'est ma seule peine. »
Et, le 2 novembre «...Ottoboni, pape, le comtat rendu, et le roi et M. de Chaulnes triomphants, et Mme
de Grignan ruinée :.voilà l'endroit qui me fait bien
du mal. Je suis affligée comme vous que ce dernier
pape, qui nous laissait Avignon, n'ait pas vécu
autant que M. d'Angers (Henri Arnaud, qui vécut quatre-vingt-quinze ans), ou que M. d'Arles
(mort à quatre-vingt-six ans). Dieu ne l'a pas
voulu. »

Ces doléances répétées s'expliquent du point de
vue maternel ; mais sur le terrain religieux, comment les concilier avec le devoir envers le Saint-
Siège ? Comment justifier cette détention sacri-
lège des biens d'Eglise et ce désir presque cynique
de les conserver indéfiniment ? Simple interroga-
tion en passant, pour souligner la relativité de
toutes les querelles religieuses, et pour marquer la
faiblesse et la contradiction de l'humaine nature,
de ces fidèles eux-mêmes qui, sous Louis XIV se
passionnent avec le monarque contre le Saint Père,
et le dépouillent, et qui, en d'autres temps, s'in-
surgent contre les décisions de la souveraineté na-

tionale, lorsqu'elles portent atteinte à leurs privilèges ou à leurs conceptions politiques.

En janvier 1690, alors que les négociations du duc de Chaulnes et d'Alexandre VIII traînent en longueur, Mme de Sévigné reprend confiance; les nouvelles de Rome représentent le pape comme favorable à l'Espagne, et l'ambassaderur comme sa dupe: « ... Je prendrai patience, écrit-elle, si votre Avignon vous revenait. »

*
* *

Quant à l'affaire des bulles, nous constatons dans plusieurs lettres de l'année 1690 que l'opinion suivait le débat avec passion.

Le 25 juin, Mme de Sévigné émet des doutes sur la sincérité du Saint-Père. « ... Je crains qu'il ne soit plus libéral d'indulgences que de bulles. »

Coulanges, entraîné par sa muse facile, écrit :

« Et nous n'aurons qu'en chansons, des bulles, des bulles, des bulles. »

Le 17 décembre, allusion au retour de l'ambassadeur; Mme de Sévigné craint que ce ne soit les mains vides, et sans les bulles.

Sur ces entrefaites Alexandre VIII meurt, et c'est à son successeur qu'on espère arracher enfin les décisions favorables.

*
* *

Ainsi la sévérité de Mme de Sévigné, lorsqu'elle rappelait à l'ordre Coulanges, peu édifié des intrigues des conclaves, s'atténuait-elle sensiblement dès qu'il s'agissait de considérer les événements dans leurs répercussions sur les affaires de famille. On peut penser également qu'éloignée des agitations romaines, Mme de Sévigné et Mme de Coulanges avaient le privilège de conserver intactes leurs illusions sur la sincérité des votants et l'indépendance des scrutins ; qu'elles pouvaient excuser et attribuer aux voies impénétrables de la Providence les manœuvres de l'inspiration la moins divine. Mais les témoins directs de ces intrigues, ceux qui étaient sur place, n'étaient pas obligés de se montrer aussi complaisants ni aussi aveugles. Au surplus, les observations du spirituel de Coulanges n'avaient rien d'inédit. Avant lui, d'autres spectateurs à l'esprit aiguisé avaient noté leurs impressions et il se trouve qu'elles différaient assez peu de celles du chansonnier.

Choisissons rapidement entre quelques voyageurs célèbres.

Voici Montaigne voyant à Rome les fêtes de la semaine sainte : il aperçoit le pape au second étage du portique de Saint-Pierre, lisant une bulle latine « qui prononce l'excommunication contre huguenots, princes détenant quelque chose des terres de l'Eglise, auquel article, ajoute malicieusement notre auteur, les cardinaux Médicis et Caraffa qui étaient joignant le pape riaient bien fort ».

Songeant aux princes de leur maison, et peut-être faisant un retour sur eux-mêmes, ils ne pouvaient prendre la menace au sérieux.

Avec le président de Brosses, nous assistons à la mort de Clément XII et au conclave de 1739. Le caustique magistrat décrit la scène où le cardinal camerlingue, suivant le cérémonial en usage, frappe le pape décédé au front avec un petit marteau et l'appelle par son nom pour s'assurer de sa mort et de son identité. De Brosses constate que Clément XII ne répond pas et conclut :

« Voilà ce qui fait que votre fille est muette ».
Cent ans plus tard, Chateaubriand, choqué de ces
propos cavaliers, rappelle le passage dans les
Mémoires d'Outre-Tombe et demande ce qu'aurait dit le léger président de Dijon si le pape lui
avait répondu des profondeurs de l'éternité :
« Que me veux-tu ? » L'hypothèse fait sourire, et
l'apostrophe manque son effet. Le même Chateaubriand, au surplus, parle en termes bien irrespec-
tueux des cardinaux qui vont prendre part au
conclave de 1829 ; il redoute leur incompréhension
des événements, « les idées du jour ne pouvant
pénétrer dans les vieilles têtes du Sacré-Collège »,
appréciation vraiment singulière sous sa plume,
quoique véridique sans doute. L'auteur du Génie
du Christianisme se retrouve mieux, lorsque, un peu
plus loin, il rappelle, dans une magnifique inspiration, que la plus vieille loi du monde est celle en
vertu de laquelle le pouvoir pontifical a été transmis de saint Pierre au prêtre qui porte aujourd'hui
la tiare ; de ce prêtre on remonte de pape en pape
jusqu'à des saints qui touchent au Christ ; ou premier anneau de la chaîne pontificale se trouve un
Dieu.

On regrette qu'au dernier anneau, celui que nous touchons, se retrouve si peu l'esprit, sinon divin des premiers temps, du moins élevé et désintéressé de certaines grandes époques. Le récit, très sobre et très impartial que nous a laissé le cardinal Mathieu d'un des derniers conclaves, démontre que les interventions comminatoires se produisent encore de nos jours et que les électeurs du Sacré-Collège ne sont pas beaucoup plus indépendants aujourd'hui qu'à l'époque du grand roi. Le cardinal Mathieu atténue habilement l'effet qu'a pu produire l'exclusion de l'Autriche contre Rampolla et déclare qu'en réalité le conclave n'a pas obéi à cette mise en demeure, la majorité des cardinaux était déjà acquise à ce moment à un autre candidat. Les faits sont là qui infirment sur ce point sa démonstration ; et nous ne saurions oublier qu'à une époque plus récente, des procédés identiques ont pu influer sur les scrutins du Vatican et sur la politique du Saint-Siège, à un moment où les intérêts de la civilisation étaient en jeu. N'a-t-on pas vu, au cours de la tempête terrible d'où nous sortons, la barque de Pierre louvoyant misérablement au milieu des récifs, sans direction ferme et clairvoyante, le pilote refusant obstinément d'apercevoir au loin le phare libérateur qui devait assurer le salut des peuples ?

Si l'on veut que croyants et incroyants s'inclinent dorénavant devant les décisions des conclaves et se trouvent d'accord pour reconnaître au Souverain Pontife l'autorité morale qu'il peut assurément revendiquer encore, il faut qu'à la base l'élection ne soit plus faussée par des manœuvres extérieures. Dans un article récent sur la civilisation antique, Guglielmo Ferrero a très justement rappelé que, pour toute organisation politique fondée non sur l'hérédité mais sur le choix, le grand problème est de trouver un système d'élection qui empêche le principe électif d'être faussé dans son application par la fraude ou par la violence. Nous concevons parfaitement, avec nos idées modernes, que l'homme choisi dans des conditions impartiales par un corps électif quelconque soit revêtu, une fois nommé, d'une autorité que ses adversaires eux-mêmes ne contestent plus. L'on voit ainsi, appelés aux plus hautes fonctions des Etats, des personnages qui ont, aux yeux de tous, la dignité, en même temps que la force morale et le prestige politique. Le Souverain Pontife ainsi désigné pourra rester, aux yeux des catholiques strictement attachés à leur dogme, le successeur de Pierre, avec le signe divin; pour les autres, il représentera une idée-force, suivant le langage de nos modernes philosophes. Et son influence serait d'autant plus grande et moins discutée que, par une heureuse adaptation, il saurait se dégager des formules surannées et tenir compte tout de même des aspirations de la conscience moderne, en évitant d'imposer ces opinions contestées qui alarmaient déjà la sœur Angélique de Saint-Jean au temps de Port-Royal.

N'est-ce pas là, au surplus, l'angoissant problème qui met aux prises les tenants de la théocratie absolue et de l'infaillibilité, ceux de l'école de Joseph de Maistre, et les catholiques libéraux, qui ont vainement souhaité jusqu'à présent une évolution conforme aux progrès de l'esprit humain; croyants sincères et désintéressés cependant, impitoyablement brisés, parce que leurs conceptions se sont heurtées à une doctrine étroite et à un despotisme aveugle ?

XVI

Encore quelques silhouettes
Encore quelques anecdotes

XVI

Encore quelques silhouettes
Encore quelques anecdotes

La verve gauloise de Mme de Sévigné s'est exercée à plusieurs reprises contre quelques maris
malheureux; mais (et bien qu'elle emploie parfois
le mot cru) avec une discrétion qui voile souvent
les aventures auxquelles elle fait allusion. Pour
bien saisir le sel de ces propos, il faut, ici encore,
reconstituer l'ambiance, et rechercher ce que pouvait dissimuler telle plaisanterie rapide, glissée
entre deux paragraphes, sans en avoir l'air.

Lisons la lettre à Bussy, du 18 septembre 1678 :
« M. de Lameth a gagné son procès, il a permission de prouver qu'il est cocu; mais sa femme
prétend se justifier, et faire voir clair comme le
jour qu'il est impuissant; et, quand on lui dit
qu'elle a eu un enfant, elle assure que ce n'était
point de lui. M. de Montespan parut à l'audience
pour soutenir M. d'Albret. On y attendait encore

M. de Courcelles, mais il n'y vint pas, parce qu'il mourut ce jour là d'une maladie dont sa femme se porte encore bien. »

Puisque Mme de Sévigné a lâché le mot, disons avec elle que Lameth, Montespan et Courcelles faisaient un brelan de cocus. Ce n'est pas sans malice qu'elle a réuni ces trois noms. Voyons un peu la mésaventure de chacun, car ils représentent, tous trois, un genre de disgrâce qu'il est facile de distinguer par une épithète appropriée : Lameth est le cocu tragique, Montespan, le récalcitrant, et Courcelles, le ridicule.

Pour aborder un pareil sujet et le traiter comme il convient, il ne faut pas craindre de l'envisager avec la belle franchise de nos ancêtres. Notre pudeur à l'égard de certaines questions n'est-elle pas d'ailleurs toute verbale ? Nous reculons devant le mot, et notre littérature ne s'alimente que de la chose. Pas un roman, pas un drame ou une comédie qui ne roule sur l'adultère et, par conséquent, le malheur du mari : et nous hésiterions à employer quand il le faut, le terme exact ! Pure hypocrisie. Puisque ce chapitre est en grande partie consacré aux émules de Georges Dandin, avec cette circonstance fâcheuse pour eux qu'ils ne sont pas imaginaires, allons-y gaillardement et acceptons l'expression, quand elle se présentera sous notre plume. Et d'abord, pourquoi ne pas rappeler le sage propos de notre vieux maître Pierre Charron : « Tenir à grande injure et désestimer comme misérable un homme pour estre cocu, quelle plus grande folie de jugement que d'estimer moins une personne pour le vice d'aultruy qu'il n'approuve pas ? » En cette matière, il est vraiment difficile, reconnaissons-le, de demander à l'homme qui se juge offensé une telle impassibilité philosophique.

Aussi le voit-on réagir suivant son tempérament ou suivant les circonstances, et le conflit qui en résulte se dénoue parfois dans le sang, ou dans la douleur, rarement dans l'indifférence.

Ce Lameth était un violent et un perfide. Instruit des galanteries de sa femme avec M. d'Albret, il revint à l'improviste de l'armée ; il attira son rival dans un guet-apens, en obligeant sa femme à lui donner un rendez-vous. Mme de Sévigné, dans une lettre à Bussy, rapporte le drame en quelques mots « Que dites-vous de M. d'Albret

qui allait voir amoureusement et nocturnement
Mme de Lameth à la campagne ? On l'a pris pour
un voleur ,on l'a tué sur place. Voilà une étrange
aventure. » Pour se justifier le meurtrier eut donc
à démontrer dans la suite qu'il avait une injure à
venger : d'où le mot de Mme de Sévigné « il a
la permission de prouver qu'il est cocu ».

L'aventure de M. de Montespan est trop célèbre pour qu'il soit nécessaire de la rapporter.
Cependant quelques commentaires ne sont pas in-
terdits. Il supporta son malheur avec dignité, car
il quitta la Cour et ne revit jamais sa femme. Il
ne fut à aucun moment le mari complaisant, cherchant à tirer parti de la faveur royale. Et, lorsque
Mme de Montespan, à l'heure de sa disgrâce,
chercha à reprendre avec l'époux légitime la vie
commune, celui-ci, rapporte Saint-Simon, signifia
qu'il ne voulait ni la recevoir, ni lui prescrire rien,
ni ouïr parler d'elle de sa vie. Son fils, le duc
d'Antin, n'eut pas les mêmes scrupules. Il fut le
plus habile et le plus raffiné courtisan de son
temps, comme le plus incompréhensiblement assi-
du, dit de lui le même Saint-Simon. Il ne rougit
pas de tirer de la situation de sa mère, et plus

tard, de la protection de Mme de Maintenon, qui l'avait supplantée, ou de la complaisance de ses frères adultérins, tous les avantages imaginables. Seul enfant légitime, né « avant l'amour du roi », il accepta cette honteuse promiscuité avec les bâtards, ses demi-frères; il ne se révolta pas à la pensée que les faveurs étaient dues « à la honte de sa maison ». Aucune humiliation ne coûta à son amour-propre, du moment qu'il s'agissait de conquérir un titre, une terre ou une place. En définitive, courtisan paré peut-être de tous les charmes physiques, figure séduisante, si on la juge uniquement au point de vue extérieur; bien vilaine moralement, presque répugnante, sous d'autres aspects. Ce cynique personnage aurait été mieux inspiré en prenant modèle sur son père, allant finir ses jours dans sa retraite de Guyenne après avoir répudié sa femme, et refusant même, à l'heure suprême de l'abandon royal, de reprendre avec elle le moindre contact.

Si, dans son malheur, M. de Montespan, est digne de sympathie et même d'estime, M. de Courcelles, autre variété de mari trompé, n'appelle que le mépris. L'observation suivante de

Montaigne ne saurait mieux s'appliquer : « J'en scais qui à leur escient ont tiré et proufit et advancement du cocuage, de quoy le seul nom effraie tant de gens. » Charles de Champlais, marquis de Courcelles, était un butor, peu préparé au rôle de mari d'une femme séduisante. Dès la nuit de noces, le désaccord éclate. On tient d'un confident de Mme de Courcelles qu'en entrant dans le lit nuptial le marquis déclara qu'il exigeait comme mari qu'elle fût plus sage que sa mère. Ces paroles furent cause, ajoute notre auteur, que le mariage ne fut pas consommé cette même nuit. L'époux était en droit de formuler de semblables exigences, la conduite de la belle-mère ayant fait scandale en effet ; mais il aurait pu mieux choisir son moment et faire preuve de plus de tact. Au surplus Marie Sidonia de Lénoncourt, d'une bonne famille de Lorraine, bien que n'ayant que quatorze ans, n'était pas de tout repos. Belle et séduisante, elle était faite pour conquérir tous les cœurs. Elle nous a laissé d'elle un portrait souvent cité, qu'on a plaisir à reproduire :

« J'avouerai que, sans être une grande beauté, je suis pourtant une des plus aimables créatures

qui se voient; que je n'ai rien dans le visage ni
dans les manières qui ne plaise, ni qui ne touche;
que, jusqu'au son de ma voix, tout en moi donne
de l'amour, et que les gens du monde les plus
opposés d'inclination et de tempérament sont d'un
même avis là-dessus, et conviennent qu'on ne peut
me voir sans me vouloir du bien.

« Je suis grande, j'ai la taille admirable et le
meilleur air qu'on puisse avoir ; j'ai de beaux
cheveux, faits comme ils doivent être pour parer
mon visage et relever le plus beau teint du monde,
quoiqu'il soit marqué de la petit vérole en beaucoup d'endroits; j'ai les yeux assez grands; je ne
les ai ni bleus ni bruns, mais entre ces deux couleurs ils en ont une agréable et particulière; je ne
les ouvre jamais tout entiers, et quoique dans cette
manière de les tenir un peu fermés il n'y ait aucune affectation, il est pourtant vrai que ce m'est
un charme qui me rend le regard le plus doux et
le plus tendre du monde; j'ai le nez d'une régularité parfaite; je n'ai point la bouche la plus
petite du monde, je ne l'ai point aussi fort grande.
Quelques censeurs ont voulu dire que dans les
justes proportions de la beauté on pouvait me

trouver la lèvre du dessous un peu trop avancée, mais je crois que c'est un défaut qu'on m'impute pour ne m'en avoir pu trouver d'autres, et que je dois pardonner à ceux qui disent que je n'ai point la bouche tout à fait régulière, quand ils conviennent en même temps que ce défaut est d'un agrément infini et me donne un air très spirituel dans le rire et dans tous les mouvements de mon visage. J'ai, enfin, la bouche bien taillée, les lèvres admirables, les dents de couleur de perle, le front, les joues ,le tour du visage, beaux ; la gorge bien taillée, les mains divines, les bras passables, c'est-à-dire un peu maigres, mais je trouve de la consolation à ce malheur par le plaisir d'avoir les plus belles jambes du monde. Je chante bien sans beaucoup de méthode, j'ai même assez de musique pour me tirer d'affaire avec les connaisseurs. Mais le plus grand charme de ma voix est dans sa douceur et la tendresse qu'elle inspire ; et j'ai enfin des armes de toute espèce pour plaire, et jusques ici je ne m'en suis jamais servie sans succès. Pour de l'esprit, j'en ai plus que personne : naturel, plaisant, badin, capable aussi de grandes choses, si je voulais m'y appliquer. J'ai des lumières et connais mieux que personne ce que je devrais faire, quoique je ne le fasse quasi jamais. »

Mais cette femme exquise avait un tempérament de courtisane; elle eut toutes ·les aventures, les plus romanesques et les plus scandaleuses. Un de ses premiers amants fut Villeroi, le charmant ; celui-là, amant de cœur. Louvois se mit sur les rangs et fut agréé, mais, lui, eut plutôt l'allure d'un protecteur. Le mari ferma les yeux, lorsque le ministre fut en cause; il devint moins patient vis-à-vis d'autres galants. Il résolut d'envoyer la coupable en pénitence au château de Courcelles dans le Maine, sous la surveillance de sa mère, la marquise de Courcelles douairière. Le château existe encore, à deux lieues de Malicorne. Il domine un paysage ayant de la grandeur, au milieu de bois magnifiques, se reflétant dans un étang aux belles lignes, qui donnent à l'ensemble du tableau une vague mélancolie.

Sidonia n'était pas faite pour apprécier le charme de cette nature sauvage. Dès que parut dans cette solitude le jeune Jacques de Rostaing de La Ferrière, ex-page de l'évêque de Chartres, la belle lui demanda des consolations. Mais l'intrigue eut

des suites inattendues. Sidonia devint enceinte.
Or son mari, à la suite d'un duel avec Cavoye,
avait été incarcéré et, l'emprisonnement s'étant
prolongé pendant toute la durée du séjour de
Sidonia à Courcelles, il fallut bien se rendre à
l'évidence, et avouer que cette grossesse n'était
pas du fait du marquis. Celui-ci, justement irrité,
intenta un procès à sa femme; ce fut une affaire
scandaleuse, dans toute la force du terme, qui
donna lieu à une abondante procédure et alimenta
la chronique mondaine pendant des années. La
correspondance de Mme de Sévigné y fait des
allusions fréquentes.

« ...L'autre jour à table chez M. du Mans, Courcelles dit qu'il avait deux bosses à la tête qui
l'empêchaient de mettre une perruque; cette sottise
nous fit tous sortir de table, avant qu'on eût achevé
de manger du fruit, de peur d'éclater à son nez;
un peu après d'Olonne arriva (d'Olonne célèbre
aussi par ses mésaventures conjugales); M. de
Larochefoucauld me dit : Madame, ils ne peuvent
tenir deux dans cette chambre; et en effet Courcelles sortit... » Lettre du 20 février 1671).

Et le 26 février 1672 : « ...L'affaire de Mme de

Courcelles réjouit fort le parterre; les charges de
la Tournelle sont enchéries depuis qu'elle doit
être sur la sellette; elle est plus belle que jamais;
elle boit. elle mange, et rit, elle ne se plaint que
de n'avoir point encore trouvé d'amant à la Conciergerie. »

La cour et la ville se passionnaient donc pour
ce procès, les uns prenant parti pour le mari, les
autres pour la femme. Car Sidonia, malgré ses
fautes, avait des défenseurs, à cause de sa beauté
et aussi de l'impopularité et du cynisme du marquis. On reprochait notamment à ce dernier d'a-
voir parfois favorisé les écarts de sa femme, lorsqu'il y avait avantage. On remarquait encore que
le soin de son honneur n'était pas sa seule préoccupation et qu'il soulevait, au cours des débats,
de vilaines questions d'intérêt. Et la réprobation
atteignant le mari se transformait facilement,
chez certains, en un sentiment d'indulgence, sinon
d'admiration, pour la belle marquise.

Il semble que les magistrats eux-mêmes n'aient
pas été insensibles à ses charmes. Lorsqu'elle fut
conduite à la Conciergerie, on l'enferma le premier jour à la tour Montgommerry, dans le cachot

qui avait été celui de Ravaillac, ne lui donnant pour se coucher que deux ou trois bottes de paille. Les magistrats de la Grand'Chambre, informés de ce régime rigoureux, lui députèrent un président à mortier et deux conseillers pour lui présenter des excuses; ceux-ci lui offrirent la main galamment afin de la conduire dans un local plus convenable.

On trouve trace du même état d'esprit favorable à Sidonia dans une lettre de Mme de **Sévigné du** 16 mars 1672 et dans plusieurs sonnets du temps. « Mme de Courcelles est fort embarrassée; on lui refuse toutes ses requêtes, mais elle dit qu'elle espère qu'on aura pitié d'elle, puisque ce sont des hommes qui sont ses juges. »

Voici d'autre part le langage que lui prête un poète :

Hé! consultez de grâce et vos yeux et vos cœurs
Ils vous inspireront d'être mes protecteurs.
Tout ce que l'amour fait n'est-il pas légitime ?
Et vous qui tempérez la sévère Thémis,
Pourriez-vous vous résoudre à châtier un crime
Que la plupart de vous voudraient avoir commis.

Un autre, opposant Moïse et le Christ, écrit :

Le prophète cornu fit une loi sévère
Qui venge les c... et flatte les jaloux
Puisqu'il veut qu'on lapide une femme adultère.
Mais cherchons un légiste et plus sage et plus
                              [doux.

Le poète croit le trouver dans Jésus :

Il savait qu'en amour la faute est si commune
Qu'il faudrait assommer et la blonde et la brune,
Or, il était venu pour sauver les pécheurs.
Juges, quittez les lois et suivez l'Evangile ;
Si l'astre dominant fit la belle fragile,
Courcelles, sois Moïse et soyons les sauveurs.

Ainsi il était dans la destinée de cette jolie femme d'évoquer tour à tour le souvenir de Phryné, celui de la belle pécheresse de l'écriture, et même, plus tard, une silhouette plus moderne, sous la plume de Sainte-Beuve qui l'appelle la Manon du XVIIᵉ siècle. Autant dire qu'elle eut toutes les séductions et que de ce fait il peut lui être beaucoup pardonné.

Son régime avait été considérablement amélioré

après la démarche des magistrats de la Grand'
Chambre. Ses amies furent autorisées à la voir
régulièrement ; des réunions avaient lieu dans son
appartement, établissant avec le dehors des com-
munications continuelles.

Un jour, des dames de qualité, au nombre desquelles la duchesse de Villars, et des gentilshommes vinrent souper à la Conciergerie avec Mme de
Courcelles : on sait que ces gens de Cour avaient
facilement accès dans les prisons et y jouissaient,
de par leur rang, de certains privilèges. On n'a
pas oublié les circonstances de la fuite du Cardinal de Retz, à Nantes, et les concours qu'il trouva
alors parmi les personnages qui entraient libre-
ment dans le château.

Mme de Courcelles put, avec l'aide de ses amis,
préparer une sortie analogue. On lui procura une
livrée rouge de jeune laquais, et on poussa même
les précautions jusqu'à faire confectionner un
masque ressemblant étonnamment à un petit valet
qui accompagnait ordinairement Mme de Villars.
Lorsqu'à l'heure du couvre-feu, les convives du-
rent quitter la Conciergerie, on attendit la dernière minute et on feignit de sortir avec précipi-

tation, pour ne pas dépasser l'heure réglementaire. Le cortège s'organisa comme de coutume. Mme de Courcelles, prenant la place du jeune laquais, soutenait la queue de la robe de la duchesse de Villars. En passant devant les surveillants et le guichetier, elle fit un geste comme si la robe de sa maîtresse lui échappait des mains; elle plongea la tête en avant et évita ainsi d'être dévisagée. Dès qu'elle fut dehors, on la hissa rapidement dans une voiture qui l'attendait, et plus loin, au pont Saint-Michel, elle trouva un carrosse à six chevaux dans lequel elle s'éloigna à toute allure. Après Phryné, Manon, ou la pécheresse de l'Evangile, la marquise de Courcelles ne fait-elle pas penser maintenant aux héroïnes de nos modernes romans, s'échappant dans un travestissement d'un rendez-vous clandestin ? Cette grande amoureuse décidément connut toutes les aventures.

Alors, comme la duchesse de Mazarin, dont elle avait été l'amie, elle erre à travers le monde, faisant partout de nouvelles conquêtes. On la voit à Genève, à Avignon, à Londres. Devenue veuve en 1678, sans chagrin on peut le croire, elle devait être encore la victime de son beau-frère, le cheva-

lier de Courcelles, pour des questions d'intérêt.
Enfin l'année 1680 amena la fin de toutes ces
contestations judiciaires. Entre temps, elle recevait encore les dommages des gens les plus huppés ;
de d'Effiat, ami de ses jeunes années ; du duc
d'Orléans, à un bal masqué au Palais-Royal, et
de quelques autres seigneurs de moindre importance. Elle mourut prématurément à trente-cinq
ans, ayant connu toutes les joies et toutes les
amertumes réservées aux grandes pécheresses. Un
de ses admirateurs de la dernière heure vante sa
séduction, son caractère enjoué, sa conversation
attrayante, et conclut par cette réflexion d'une
charmante ingénuité : « Jamais on ne s'ennuyait
avec elle... » Telle dut être en effet l'opinion de
tous ceux qui l'approchèrent.

*
* *

Un autre grotesque, qui a le don de mettre
Mme de Sévigné en joie, c'est Ventadour. Ventadour est laid, contrefait, débauché, répugnant en
un mot. Il doit épouser Mlle d'Houdancourt.
« Cette petite d'Houdancourt est bien jolie »

constate Mme de Sévigné avec inquiétude, le
27 février 1671. Elle y revient le 13 mars et précise ses appréhensions. Dans cette lettre pleine
d'entrain et de fantaisie, elle fait allusion à tous
les petits scandales du jour, et, ayant cité un mot
de Mme de Ludres, qui trouvait étrange d'être
jetée toute nue dans la mer, suivant une médi-
cation préconisée alors pour guérir la rage, elle
ajoute : « Voici une aventure à mon sens encore
plus étrange : c'est de coucher demain avec M. de
Ventadour, comme fera Mlle d'Houdancourt, je
craindrais plus ce monstre que celui d'Andro-
mède ».

Cette pensée la scandalise et la divertit à la
fois ; elle y revient à différentes reprises. Elle
écrit encore le 15 mars : « Je me fais un plaisir de
ne point coucher avec M. de Ventadour comme
cette pauvre fille qui eut cet honneur ». D'ailleurs
l'événement prouva que les craintes de Mme de
Sévigné étaient justifiées. Quelques années après,
à la suite d'un scandale, Ventadour, séparé de sa
femme sur les ordres de Louis XIV, vient se
plaindre à sa Majesté : « Eh ! Sire, pourquoi me
refuse-t-on ma femme ? Que m'est-il arrivé d'ex-

traordinaire ? Suis-je plus bossu et plus mal fait
que je n'étais quand on m'a bien voulu ? Si je suis
laid, Sire, est-ce ma faute ? Si je m'étais fait moi-
même, j'aurais pris la figure de votre Majesté ;
mais tout le monde n'est pas partagé comme il le
voudrait être ». Ce bonhomme avait évidemment
peu d'attraits car, plus tard, vers 1701, Mme de
Grignan, écrivant à Mme de Simiane, signale
l'arrivée à Marseille de M. de Ventadour, et le
commentaire n'est que trop éloquent : « Il a choisi
ce domicile pour cet hiver ; cette compagnie me
gâte fort le soleil de Provence. M. de Ventadour
me paraît une violente éclipse ».

Une autre histoire qui alimenta, en son temps,
la malignité publique fut celle du marquis de
Langey. Il faut remonter un peu en arrière, et
demander des précisions à Tallement des Réaux,
car les lettres de Mme de Sévigné, contemporaines
de l'événement, ne nous ont pas été conservées ;
mais nous savons par Tallement, qu'elle se pas-
sionna avec toute la ville pour cette étrange aventure. Etrange, et scandaleuse, et bien délicate à
rapporter, car c'est vraiment une cause grasse.

La marquise de Langey était mariée depuis quatre ans, lorsqu'elle s'avisa que son mari était impuissant et que le mariage n'avait pas été consommé. C'est du moins ce qu'elle prétendit dans la requête qu'elle envoya à son époux pour obtenir l'annulation de leur union. En pareil cas, la procédure exigeait une expertise qui portait le nom de congrès. Les deux conjoints étaient réunis dans une chambre; on les invitait à se placer dans le même lit, et des experts, convoqués spécialement, devaient se prononcer de visu sur le cas litigieux. Avant cette épreuve décisive, avaient eu lieu d'autres vérifications de nature à éclairer les juges. C'est ainsi que le tribunal prescrivait une première visite de chacun des époux; des matrones étaient chargées des constatations utiles. Comme les plaideurs appartenaient à la religion réformée, la visite ne se fit pas suivant le cérémonial ordinaire, comportant un petit nombre d'experts; elle eut lieu chez le lieutenant civil, et les experts furent au nombre de douze. Tout dans cette affaire devait être extraordinaire. Et la galerie elle-même ne manqua pas de prendre bruyamment parti pour l'un ou pour l'autre des patients. A la porte de l'hôtel du lieutenant civil tout le quartier les attendait et manifestait ses sympathies ou sa réprobation; Langey, cavalier de bonne mine, eut d'abord les faveurs de la foule : « Hé ! plust à Dieu que j'aie un mari comme cela, cria une harengère ! » Les femmes étaient volontiers pour lui, et l'on cite ce mot de Mme de Franquetot-Carcabu l'apercevant au cours et le trouvant à son goût : « Hélas ! à qui se fiera-t-on désormais ». Pendant la visite chez le lieutenant civil Mme de Lavardin et Mme de Sévigné, n'osant se mêler à la foule, mais piquées aussi par la curiosité, attendaient un peu plus loin en carrosse les conclusions de l'enquête. On les entendait rire, du bout de la rue, rapporte Tallement des Réaux. Cependant l'examen n'ayant pas donné de résultats incontestables, on dut recourir à l'épreuve du congrès. Remarquez que le marquis de Langey eut tous les délais nécessaires pour fournir les justifications qu'on attendait de lui. La procédure dura près de deux ans; on ne parlait que de cela à Paris, dit l'auteur des Historiettes. Langey était devenu le marquis du Congrès, et partout où il se présentait, on avait pris l'habitude de tenir les propos les plus gaillards. Mme de Sévigné lui dit un jour : « Pour vous, votre procès est dans vos chausses ». On sait que les chausses tenaient lieu de culottes. Et à Mme de Gondran, lui parlant de sa femme, il répondit : « Madame j'ai la plus grande ardeur du monde pour elle ». « Hé Monsieur, répliquait-elle, gardez-la pour un certain jour, cette grande ardeur ». Hélas lors de l'épreuve décisive, elle ne put se manifester.

Pour éviter toute tricherie, le congrès devait avoir lieu dans une tierce maison. On choisit l'établissement d'un baigneur, au faubourg Saint-Antoine. Suivons le récit très complet de Tallement, (on ne devra omettre que quelques détails trop précis) et voyons le cérémonial. La veille, les deux époux furent encore visités par quinze personnes qualifiées et, à l'heure même où la grande épreuve allait commencer, on s'assura, sur le désir du mari, que les cheveux de la marquise ne pouvaient dissimuler aucun talisman. La méfiance de Langey était telle qu'il « ne put souffrir, lorsque sa femme se coucha, qu'on la coiffât d'une cornette que deux parentes de son grand-père avaient apportée ; il fallut prendre une de celles de la

femme du baigneur. » Quant à lui il demanda
des œufs frais, afin, déclara-t-il, de faire un garçon du premier coup. » Cette prétention était peu
justifiée. Les œufs n'ayant pas produit l'effet
désiré, Langey invoqua le secours du ciel; il se
mit à prier. Mais sa femme le rappela à la réalité
en lui disant : « Vous n'êtes pas ici pour cela. ».
Les matrones présentes remplissaient leur office
et s'approchaient de temps à autre du lit à
rideaux, où les époux se trouvaient dans un isolement relatif. L'une d'elles, pleine d'années et
d'expérience, (elle avait quatre-vingts ans), revenait dire par moment aux experts : « C'est
grand' pitié, il ne nature point. » Ce qu'un
laquais, après l'épreuve, traduisait sous une autre
forme : « Il n'a jamais pu se mettre en humeur. »
Dans le public, l'opinion fut retournée, notamment chez les femmes qui avaient soutenu Langey : « C'est un vilain, disaient-elles, n'en parlons
plus. » Les chansonniers, naturellement, ne devaient pas l'épargner; ils en firent un refrain:

> Je suis Langey qui viens faire retraite,
> Je suis Langey,
> Je suis Langey qui reviens du Congrès.

Enfin l'arrêt fut rendu qui sépara les deux époux ; mais cette singulière aventure devait avoir des suites déconcertantes. Il se remarièrent l'un et l'autre ; le marquis eut, de cette seconde union, six enfants, tandis que l'ex-marquise, devenue la femme de Jacques de Caumont, marquis de la Boesse et duc de la Force, donnait le jour à trois filles.

Le scandale de ce procès avait été si grand et les conséquences ultérieures si extraordinaires, que le Parlement fit défense en 1677 d'ordonner à l'avenir dans les causes de mariage, la preuve du congrès.

*
* *

Après ces faces tourmentées de courtisans, on a plaisir à apercevoir une bonne figure de plein air.

Voici Pilois, le jardinier des Rochers, un honnête prolétaire dont la châtelaine recueille souvent les propos. On sait gré à celle-ci de se mettre au niveau de son dévoué serviteur, prouvant ainsi qu'elle n'est pas toujours la grande dame distante qu'on lui a reproché d'être, notamment dans les lettres détachées et parfois cruelles où elle parle avec tant de légèreté des malheureux Bretons, pendus lors de la révolte du papier timbré. Relevons dans la correspondance quelques passages consacrés à l'excellent jardinier.

En mai 1671, dès l'arrivée aux Rochers, Mme de Sévigné va voir ses plantations: « Mes petits arbres sont d'une beauté surprenante : tout de bon, dit-elle à sa fille, rien n'est si beau que ces allées que vous avez vues naître. Pilois les élève jusqu'aux nues avec une probité admirable. » Le 28 juin, nouveaux détails sur les vieux arbres qu'on abat, les jeunes plants qui se développent, le mail qui est d'une beauté surprenante. Pilois est toujours son favori, et elle préfère sa conversation à celle de plusieurs qui ont conservé le titre de chevalier au Parlement de Rennes. Voici d'ailleurs quelques propos savoureux du brave serviteur, relevés dans la lettre du 2 décembre de la même année. Mme Grignan a donné le jour à un fils; l'heureuse grand'mère a fait part de la bonne nouvelle à tout le voisinage: « On a bu à la santé du petit bambin à plus d'une lieue à la ronde.

Mais rien ne m'a été plus agréable, dit-elle, que le compliment de Pilois qui vint le matin avec sa pelle sur le dos et me dit: « Madame, je viens me réjouir, pas moins, parce qu'on m'a dit que Mme la comtesse était accouchée d'un petit gars. » Cela vaut mieux que toutes les phrases du monde, ajoute-t-elle avec raison.

Les premiers éditeurs ont été tellement interloqués de cette familiarité qu'ils ont cru pouvoir donner à d'autres passages consacrés à Pilois, assez obscurs à la vérité, une interprétation des plus fantaisistes. Ainsi, le nom de Pilois venant sous la plume de Mme de Sévigné dans une lettre faisant allusion au roi de Danemark, le grave commentateur de l'édition de Rouen 1726 écrit, après le nom de Pilois: le maître à danser du roi de Danemark. L'éditeur de La Haye remplace : « Je vous parlerai de Pilois », par « je vous parlerai du pôle ». Nous devons ces amusantes observations à Monmerqué; elles prouvent combien les contemporains étaient peu enclins à admettre et à comprendre ce laisser-aller entre la châtelaine et son jardinier; ils préféraient à une explication naturelle les suppositions les plus invraisemblables. Et ce petit détail est un signe des temps, dont nous ne devons pas manquer de tirer parti pour mettre au contraire en relief la bonne grâce de Mme de Sévigné et ses sentiments d'amitié pour ses serviteurs.

Elle prend un réel plaisir à leur conversation: « J'ai dix ouvriers qui me divertissent fort. Rahuel (le concierge du château), et Pilois, tout est à sa place. » On la voit au milieu de son personnel, dirigeant les travaux, consultant le jardinier, disant et provoquant de bons mots, ayant son franc parler, et ravie de recueillir au passage une expression colorée, fût-elle un peu crue. Elle a de commun avec ces braves gens·un goût inné pour la nature, les fleurs, les arbres, les oiseaux; elle sait comprendre comme eux toutes les joies de la terre. Quel tableau reposant que celui de cette marquise, non plus guindée dans ses vêtements d'apparat, mais dépourvue de toute coquetterie et de toute morgue, vivant avec ses ouvriers et participant à toutes leurs préoccupations. Et comme elle sait brosser en trois lignes une scène champêtre. « Savez-vous ce que c'est que faner. Il faut que je vous l'explique; faner est la plus jolie chose du monde; c'est retourner du foin en batifolant dans une prairie. »

Lorsqu'au cours de l'été de 1676 une dangereuse épidémie de dysenterie règne dans la région, meuniers, métayers, journaliers sont tous atteints par la maladie ; deux d'entre eux succombent : « J'ai tremblé pour Pilois, écrit Mme de Sévigné. »

En mai 1680, arrivée mouvementée aux Rochers; les chemins sont défoncés, le carrosse est à moitié rompu, les chevaux rebutés et tous les gens trempés. C'est Pilois qui sauve la situation; de Vitré on l'a fait chercher, et il arrive avec une équipe de douze gars qui tirent d'affaire les voyageurs. Après une réception sommaire des amis du voisinage, Mme de Sévigné n'a d'autre souci que d'aller dans ses bois avec le fidèle Pilois ; elle trouve ses allées en bon état et s'en réjouit. Le fidèle jardinier est félicité et remercié de ses soins attentifs. On s'arrête à la Solitaire, à la place Madame, au mail, où l'on évoque l'adresse du comte de Grignan, quand il fait sa partie: « Ah ! mon cher comte, je songe toujours à vous, et quelle grâce vous avez à pousser cette boule. Je voudrais que vous eussiez à Grignan une aussi belle allée ;

j'irai tantôt au bout de la grande allée voir Pilois
qui y fait un beau degré de gazon pour descendre à la porte qui va dans le grand chemin
(13 juin 1685).

Plus tard, lorsque la marquise sera à Grignan,
dans les derniers jours de sa vie, elle écrira le
20 septembre 1695 à son fils, alors aux Rochers,
une lettre où le nom de Pilois est encore men-
tionné.

Charles lui a mandé que le labyrinthe est ter-
miné, que Pilois et les ouvriers envoient leurs
compliments à leur maîtresse. Et celle-ci répond
qu'elle reçoit ces compliments, qu'elle aime ses
serviteurs et les remercie.

On voit encore au château des Rochers, dans la
chambre où ont été rassemblés les quelques souvenirs de Mme de Sévigné montrés aux visiteurs,
le livre de comptes de Pilois. Sa mémoire y est
donc toujours vivante et par ce document curieux
et par les plantations auxquelles il a participé et
dont le plan général paraît avoir été conservé.

Brave Pilois, ton nom est bien digne de passer
à la postérité avec celui de ta châtelaine. On respire auprès de toi un air moins vicié qu'à Paris

ou à Versailles ; on sent passer dans les branches des Rochers une brise plus salubre, et, à la lumière crue de la campage dans laquelle se détache ton honnête et bonne figure, on te salue avec joie pour toutes tes saines qualités de franchise, de bonne humeur et de dévouement.

XVII

Mme de Sévigné et le sentiment breton

XVII

Mme de Sévigné et le sentiment Breton

Bourguignonne d'origine, parisienne d'éducation, Mme de Sévigné est devenue bretonne par son mariage; elle l'est devenue surtout par ses séjours au pays de Vitré et par les pages exquises qu'elle lui a consacrées.

L'abbaye de Livry lui avait déjà révélé l'agrément de la campagne; c'est aux Rochers qu'elle a le plus profondément senti la beauté reposante des bois, et qu'elle a définitivement compris la poésie et le charme de la nature.

Lors de l'inauguration du monument qui lui a été élevé par la ville de Vitré, en octobre 1911, les orateurs n'ont pas manqué de signaler cette influence exercée par la terre bretonne sur l'esprit de la châtelaine des Rochers, et ils l'ont fait avec une autorité et un bonheur d'expression qui ont mis fin à un débat malencontreux, soulevé peu de temps auparavant, par cette commémoration. Des

susceptibilités s'étaient éveillées parce que Mme
de Sévigné n'avait pas toujours parlé en bons
termes de la province, et parce qu'à l'occasion de
la révolte du papier timbré et de la répression du
duc de Chaulnes elle avait fait preuve de légèreté
et d'insensibilité.

Qu'une Parisienne, n'ayant eu précédemment
sous les yeux que le spectacle brillant de la Cour,
se soit divertie en découvrant quelques types et
quelques coutumes fortement imprégnés de couleur locale, on ne saurait vraiment lui en tenir rigueur, sans s'exposer soi-même au reproche d'être
resté envers et contre tous un provincial invétéré;
nous n'ajouterons pas, à courte vue, pour ne froisser personne.

Mme de Sévigné n'a pas été ici plus cruelle
qu'elle ne le fut en Provence à l'égard de quelques belles dames d'Aix et de Lambesc, ou même
de certaines Parisiennes, dont les ridicules ne lui
échappaient pas.

L'autre grief est plus sérieux, car il touche à
un ordre de réflexions qu'on préférerait ne pas
trouver sous la plume de cette charmante femme,
qui était bonne et compatissante.. N'ayant aperçu

dans l'insurrection bretonne qu'une atteinte portée
à l'autorité du roi, à l'unité du pays et au prestige de son ami le duc de Chaulnes, elle n'a pas
su trouver quelques paroles de commisération pour
les malheureuses victimes. La rigueur de la répression aurait pu amener sur ses lèvres, au lieu
d'un sourire moqueur, une expression de tristesse
et de compassion.

Les orateurs qui ont pris la parole à Vitré ont
tenu à l'excuser ; ils l'ont fait avec tact et avec
mesure. M. Paul Deschanel, au nom de l'Acadé-
mie Française, a indiqué que, si l'esprit de
Mme de Sévigné était léger, son caractère était
sûr et son cœur bon et généreux. Il a rappelé tous
les jugements favorables de la marquise sur « ses
bons Bretons » et sa fidèle affection. « J'aime mes
Bretons ; vos fleurs d'oranger ne cachent pas de
si bons cœurs. » Et M. Anatole Le Braz, parlant
au nom de la Bretagne, a clos toute discussion par
cette conclusion chaleureuse : « Pour moi je ne lui
garderai pas rancune de certaines paroles légères,
car outre que les rancunes de trois cents ans me
paraissent bien longues, tout ce qu'elle a pu dire
est effacé, pour moi, par tout ce que nous lui de-

vons. Or nous lui devons une image plus fidèle de notre pays. Les lettres de Mme de Sévigné sont les lettres de naturalisation de la Bretagne dans la littérature. »

Rennes et Vitré conservent d'ailleurs pieusement son souvenir. La première de ces villes a donné le nom de Mme de Sévigné à une de ses plus belles voies, et, par une attention délicate, a voulu associer Mme de Grignan à cet hommage, en attribuant son nom à une avenue voisine. Et, à Vitré, le nom de la châtelaine des Rochers est toujours vivant, bien que les descendants directs aient disparu de la province depuis plus de deux siècles. Le monument inauguré en 1911 a trouvé place au milieu d'un beau jardin que la ville a pu aménager dans l'ancien domaine de la princesse de Tarente, la bonne Tarente, sa voisine, cette princesse allemande, si solidement apparentée « qu'il faudrait que toute l'Europe se portât bien pour qu'elle ne fût pas sujette à perdre ses parents ». Amie fantaisiste et originale, avec laquelle les familiarités sont permises, malgré la différence des rangs, car elle se réjouit la pre-

mière, comme d'une nouveauté, de se voir con-
tester quelque chose.

En autres singularités, elle prenait douze tasses
de thé par jour et assurait que le landgrave, son
époux, en prenait quarante tous les matins. Très
préoccupée de sa santé et de celle des autres, elle
détient de nombreux remèdes, « compositions
rares et précieuses » qui font un effet prodigieux.

Voisine de campagne pleine de ressources et
précieuse surtout pour son esprit fantaisiste et la
cordialité de ses rapports.

XVIII

En manière de conclusion

XVIII

En manière de conclusion

————

Quel que soit l'agrément qu'on éprouve à rester en compagnie de notre charmante marquise, il faut bien se résoudre à lui faire ses adieux.

Avant de la quitter, cherchons à résumer en quelques mots nos impressions, et rendons lui une dernière fois l'hommage reconnaissant auquel elle a droit. Mme de Sévigné a pris, sans qu'elle l'ait jamais soupçonné de son vivant, une des premières places dans notre littérature. Cette correspondance, quoi qu'on en ait dit, n'a été longtemps connue que de quelques familiers ; et il a fallu l'heureux à-propos et la ténacité de plusieurs éditeurs successifs pour mettre peu à peu au jour ce véritable trésor. Certes, on ne l'ignore pas, quelques lettres choisies couraient les ruelles dès le XVIIe siècle, et la réputation de la spirituelle marquise s'établissait déjà. Mais ces morceaux célèbres ont le tort aujourd'hui d'avoir été trop souvent cités, reproduits dans toutes les anthologies, et ils font sur le lecteur l'effet de ces airs connus, que les orgues de barbarie s'acharnent à répéter inlassablement. On voudrait les éviter, se boucher les oreilles, ils vous guettent au coin des rues, et le passant doit encore les subir. La lettre sur le mariage de Mademoiselle, et quelques autres de la même époque, où l'on sent le procédé, d'où se dégage un léger relent de préciosité, peuvent être rangées dans cette catégorie. Mais sauf ces rares exceptions, que de naturel, d'enjouement, dans cette correspondance variée qui touche à tous les sujets avec tact, avec légéreté, parfois aussi avec hardiesse.

Quand elle aborde les philosophes, c'est à la condition de les comprendre. Descartes la séduit par son esprit clair et ses déductions nettes; elle l'abandonne pourtant quand ses théories lui paraissent trop compliquées. A propos de Malebranche, elle écrit : « Je vous manderai si ce livre est à la portée de mon intelligence; s'il n'y est pas, je le quitterai humblement, renonçant à la sotte vanité de contrefaire l'éclairée, quand je ne la suis pas ». Et même pour Saint-Augustin, qu'elle admire et connaît bien, elle fait des réserves quand il subtilise. Au courant de la plume, elle note « ses petites pensées respectueuses » desquelles il résulte qu'il y a chez elle un besoin impérieux de clarté. Car ce cerveau bien équilibré n'aime pas les chimères, ni les complications, ni les doctrines alambiquées. « Je suis grossière comme votre frère, écrit-elle à Mme de Grignan à propos de leurs lectures; les choses abstraites vous sont naturelles comme elles nous sont étrangères ». Sa solide éducation classique ne lui a donné aucune pédanterie ; son goût s'est constamment épuré dans la fréquentation des bons auteurs; aucune afféterie ne lui est restée des milieux littéraires qu'elle a pu fréquenter au temps de sa jeunesse. Comme elle l'avoue ingénument, elle ne sait où elle a pris telle jolie idée qu'elle exprime; elle l'a trouvée toute rangée dans sa tête et au bout de sa langue. Elle déclare que c'est une jolie chose que de savoir écrire ce que l'on pense.

C'est la méthode recommandée par Boileau, et comme elle conçoit clairement elle énonce de même, les mots arrivant tout naturellement sous sa plume. Aussi les trouvailles abondent-elles dans ses lettres, notons-en quelques-unes :

« C'est une plaisante étude que celle des manières différentes de chacun. »

« Je connais les manières des provinces et je sais le plaisir qu'on y a à nourrir les divisions. » Pensées et style dignes de Montaigne et de Larochefoucauld.

Voici du La Bruyère et du meilleur : « C'est une chose dangereuse qu'une provinciale de qualité qui a pris, à ce qu'elle croit, l'air de la cour ». Et des mots à l'emporte pièce : « Les convulsions de la mauvaise foi, à propos de ce président de Méneuf auquel elle a cédé une terre et qui ergote sur une des clauses de la vente. On met sous les yeux du bonhomme une pièce décisive, qui va l'obliger à verser une somme complémentaire de six mille livres : « C'est un plaisir de voir les convulsions de la mauvaise foi qui ne sait plus où se pendre et qui est abandonnée de tous les prétextes ».

Et ceci encore : « Il est si aisé d'escroquer des approbations ».

L'immense mérite de ses lettres, c'est leur spontanéité. Adressées à Mme de Grignan ou à quelques familiers, elles sont pleines de naturel et d'abandon. Et il se trouve que, sans le savoir et sans le vouloir, suivant l'observation très juste d'un de ses biographes, Mme de Sévigné a écrit pour la postérité. Saint-Simon qui n'a guère connu la mère et la fille que comme deux femmes d'esprit, tenant bien un salon, a noté également ce charme inconscient qui se dégageait de Marie de Rabutin : « La beauté et plus encore l'agrément et l'esprit avaient donné de la réputation à Mme de Grignan, en quoi toutefois elle était infiniment surpassée par Mme de Sévigné, sa mère, dont le naturel et une sorte de simplicité et de grâces, comme à la dérobée d'elle-même, rendaient son commerce délicieux ; elle n'avait ni le pincé, ni le précieux de sa fille ».

Aussi faut-il avoir le goût du paradoxe, ou nourrir quelque arrière pensée, pour déclarer, comme Joseph de Maistre, que la fille a l'esprit plus solide et plus sûr que la mère. Mais ce n'est là qu'une boutade, rectifiée presque aussitôt par la phrase qui suit : « Si j'avais à choisir entre la mère et la fille, j'épouserais la fille et puis je

partirais pour recevoir les lettres de l'autre ».
Châteaubriand fait entendre une autre note dis-
cordante sur un ton plus aigu, qu'on regrette de
percevoir. Dans un petit livre consacré sur le tard
à l'abbé de Rancé, on relève ce passage : « Mme
de Sévigné, dont on a publié peut-être trop de
lettres, ne pouvait se garantir de la raillerie,
même envers les gens qu'elle croyait aimer...
Légère d'esprit, inimitable de talent, positive de
conduite, calculée dans ses affaires, elle ne perdait
de vue aucun intérêt ».

Tortueuse, Mme de Sévigné ? Quelle erreur !
Il n'y a pas de cerveau et de cœur plus limpides.
Apre au gain ? Quelle injustice ! alors qu'elle a
passé sa vie à réparer les brèches faites au patrimoine familial par des enfants et un gendre pro-
digues ; qu'elle a toujours refusé de se servir de
ses relations et de son autorité mondaine pour
conquérir des faveurs ; qu'elle a placé, au dessus
de tout, son désir d'indépendance, sa liberté de
jugement, et qu'elle a même poussé le sentiment et
la fidélité à ses amis, jusqu'à se compromettre
avec tous les courtisans disgrâciés. Fouquet, Retz,
d'Harrouys, d'Effiat ! Non vraiment Château-

briand n'avait pas le droit d'écrire cette phrase fielleuse.

Mais, au fait, ces deux ultramontains ne se seraient-ils pas laissés entraîner par leur passion et leurs préjugés ? et le véritable grief, qu'ils n'ont pas formulé, ne serait-ce pas simplement que Mme de Sévigné est, pour ces sectateurs austères, une brebis égarée, qu'on n'a jamais pu faire rentrer complètement au bercail. Amie des philosophes, esprit nourri et affranchi, indulgente aux faiblesses humaines, n'a-t-elle pas à leurs yeux, donné un exemple détestable ?

Nous n'avons aucune raison de nous montrer des censeurs aussi moroses, bien au contraire. C'est précisément par sa tournure d'esprit que Mme de Sévigné se rapproche le plus de nous ; c'est par l'ensemble de ses qualités, autant que par quelques travers charmants, qu'elle reste infiniment séduisante.

Ses lettres conservent, malgré le temps, la même fraîcheur et la même variété ; elles resteront d'actualité, au sens où l'entendait Sainte-Beuve, tant qu'il y aura des gens de goût, en France et ailleurs, pour lire les chefs d'œuvre de notre langue.

N'ayons aucune inquiétude; Marie de Rabutin Chantal, continuera à trouver dans les générations successives des admirateurs enthousiastes et des amis indulgents : quelques propos malsonnants ne détourneront jamais d'elle la sympathie que lui vaut une nature essentiellement vibrante et primesautière.

TABLE

Géniaux (C.). La Bretagne vivante. — [La Bretagne pauvre. — Le
Communisme rural au Pays Gallot. — La Vie bretonne. — Les
Rebouteurs. — Magiciens et Sorciers. — Le Culte de la Mort. —
Les Artisans bretons. — Le Mobilier breton. — Les Pêcheurs
sardiniers. — Le Retour des Islandais. — Les Sauveteurs bretons.
— L'Enfant breton. — Proclamation de la Révolution dans un
village morbihannais. — Chez les Bigoudens. — Le Pardon de
Saint-Jean-du-Doigt. — Ploërmel et Josselin. — Le Golfe du
Morbihan. — Au pays des Chupons blancs]. 1912, in-12. 5 fr. 25

Gérard-Gailly (E.) Un académicien grand seigneur et libertin au
XVIIe siècle. Bussy-Rabutin. Sa vie, ses œuvres et ses amies.
1919, in-8. 9 fr.

> Il nous a mis dans l'intimité de Bussy-Rabutin, de telle sorte que toutes
> légendes ont disparu et que la vérité, maintenant, sur ce personnage et
> sur ses aventures est absolument établie. Et avec cela on ne peut pas avoir
> plus d'esprit que M. G. G., plus de bonne grâce alerte, plus d'*humour*, plus
> de verve dans les discussions et plaidoyers, ni meilleur style. Son livre est
> agréable autant qu'il *est* essentiel.
>
> F. FAGUET, *Revue des Deux-Mondes.* 1er Janvier 1910.

Le Braz (Anatole). La légende de la mort chez les Bretons armori-
cains. Troisième édition revue et corrigée avec des notes sur les
croyances analogues chez les autres peuples celtiques, par G.
Dottin, professeur adjoint à l'Université de Rennes, et, en appen-
dice, l'introduction à la 1re édition, par L. Marillier. 1912, 2 forts
volumes in-12. 15 fr.
— Sur hollande. 45 fr.
— Tryphina Keranglaz. Poème. 1892, in-12. 4 fr. 50
> Ces poèmes charmants furent le début de M. Le Braz dans les lettres.
— Textes bretons inédits pour servir à l'histoire du théâtre celtique.
1904, in-8. 1 fr .50
— Cognomerus et sainte Tréfine. Mystère breton en deux journées.
Texte et traduction 1904, in-8. 5 fr 25
— Au pays d'exil de Chateaubriand. 1908, in-12. 5 fr. 25
Le Goffic Ch.). La Bretagne et les pays celtiques. L'Ame bretonne.
Première série. 5e édition, revue et corrigée. Beau volume in-12,
planches. 5 fr. 25
— Deuxième série, 4e édition. Beau volume in-12, planches. 5 fr. 25
— Troisième série. 1910, 2e édition. Beau volume in-12. 5 fr. 25
Le Gonidec. Vocabulaire français-breton, revu par A. Troude.
1888, in-18. 1 fr. 90
— Le même, breton-français. 1888, in-18. 1 fr. 90
— Dictionnaire français-breton, enrichi d'additions et d'un essai sur
l'histoire de la langue bretonne, par T. Hersart de la Villemar-
qué. 1847, in-4. 22 fr. 50
— Le même, breton-français, précédé de la grammaire bretonne,
enrichi d'un avant-propos, d'additions et de mots gallois et gaels
correspondant au breton, par T. Hersart de la Villemarqué.
1850, in-4. 22 fr. 50
Saulnier (F.). Les alliés de Madame de Sévigné, 1882, in-8. 7 fr.
Tiercelin (L.). Breton de Lettres. 1905, in-12. 5 fr.25